प्राण

मेरी नजर में प्राण

बोर्ड पेंटर से पद्मश्री तक का सफर

आशा प्राण

चाचा चौधरी के जनक कारटूनिस्ट प्राण

प्रकाशक : **डायमंड पॉकेट बुक्स (प्रा.) लि.**
X-30 ओखला इंडस्ट्रियल एरिया, फेज-II
नई दिल्ली-110020
फोन : 011-40712200
ई-मेल : wecare@diamondbooks.in
वेबसाइट : www.diamondbooks.in
संस्करण : 2025
मुद्रक : रेप्रो (इंडिया)

Pran's Features LLP
A 84 Naraina Vihar,
New Delhi 110028
Email: pransfeatures@yahoo.com
Website: www.chachachaudhary.com

First Published 2019

Printed in India

क्या कहूं?

मैंने कभी सोचा नहीं था कि मैं अपने पति प्राण के बारे में कुछ लिखूंगी। सच कहूं, तो कलम उठाना बेहद कठिन कार्य है- झूठ लिखा नहीं जाता और सच कभी-कभी कटुता का जामा न पहन ले इसका भय सताता है। फिर भी मर्यादाओं को न लांघते हुए, निजता पर झीनी पारदर्शिता बनाए रखते हुए यदि हम कुछ बता जाते हैं, तो उस व्यक्ति के साथ न्याय होगा, जो कुछ कह पाने के लिए अब इस दुनिया को अलविदा कह चुका है।

पति-पत्नी का रिश्ता सबसे समीप का होता है, यह सच है। हम दोनों ने भी इस डोर को तहेदिल से जोड़कर रखा था। किसका प्रयास अकथनीय रहा कहना जरा टेढ़ी खीर होगा। खट्टे मीठे अनुभवों को सहते कब पूरे पचास वर्ष के साथ को विराम लग जाएगा- इसे अहसास करना बहुत कठिन होता है। नियति को इससे क्या लेना-देना? 5 अगस्त, 2014 को प्राण कैंसर से एक वर्ष तक जूझते हुए इस दुनिया से कूच कर गए और पीछे छोड़ गए हिंदी कॉमिक जगत में अपनी पहचान, साथ ही ढेरों मधुर यादें...।

यह पुस्तक प्राण जी के कारटूनिस्ट बनने के लंबे संघर्ष की दास्तां तो बखान करेगी ही साथ में वह निजी तौर पर कैसे थे इस पहलू को भी दर्शाएगी। मेरा प्रयास होगा कि मैं अपनी कलम को लिखने के लिए स्वतंत्र छोड़ दूं- तभी उनके चाहने वाले प्राण के करीब जा पाएंगे... बस इतना ही!

आशा प्राण

इस पुस्तक का एक-एक शब्द
मैं प्राण को समर्पित करती हूं,
जिन की हर पल सताती यादें मेरे
सूने जीवन का संबल हैं, बैसाखी हैं...

– आशा प्राण

बचपन

लाहौर (जो अब पाकिस्तान में है) के पास छोटे से कस्बे कसूर में एक पुलिस अफसर के घर सातवां बच्चा 15-8-1938 को पैदा हुआ। यही नन्हा-मुन्ना आगे चल कर कारटूनिस्ट प्राण बना। उनके पिता का नाम पंडित जगन्नाथ शर्मा और मां कौशल्या देवी था।

छोटे शहर में एस.एच.ओ. का दबदबा खूब होता है। सात बहन-भाई और माता-पिता सुख से रह रहे थे। बड़े भाई कंवरनाथ, बहन राजकुमारी, रणजीतनाथ,

माता-पिता -प्राण

योगेन्द्रनाथ, बहन कमला, रणधीर और स्वयं प्राण। उनकी मां ने उन का नाम माननाथ (जयपुर के राजा के नाम पर) रखा था। अक्सर हर मां अपने लाड़ले को राजकुमार ही तो समझती है।

लाड़-दुलार में पलते बच्चे अगर रात में किसी चीज की ख्वाहिश रखते तो दुकान खुलवा कर इच्छा पूरी कर दी जाती। ऐसा प्राण ने बड़ों के मुंह से सुन रखा था।

पिताजी ने कसूर (जिला लाहौर) में एक मकान भी बनवा लिया। तबादले से तंग आकर अब वह सपरिवार यहीं जिंदगी बसर करना चाहते थे। एक खूबसूरत और वह भी अपना आशियाना बना कर सब खुशी-खुशी रह रहे थे। भाई-बहन पास के सरकारी विद्यालय में पढ़ने जाते और बाकी समय कब बीतता चला गया, पता ही नहीं चला।

प्राण द्वारा चित्रित: कसूर, पाकिस्तान का घर

शहर का वातावरण सद्भावपूर्ण था। कौन हिंदू है, कौन मुसलिम इस से किसी को कोई सरोकार नहीं था। होली, दीवाली पर सब चहकते थे, तो ईद, मुहर्रम पर सब गले लगना कब भूले थे।

इनके पिताजी की अपनी घोड़ी थी, जिस पर बैठकर शहर भर का मुआयना होता था। उस समय एस.एच.ओ. को कार या जीप नहीं मिलती थी।

या तो वह हाथ में छड़ी लेकर पैदल ही शहर की देखभाल करते थे या फिर घोड़ी पर। शहर के बादशाह जिधर से गुजर जाएं कि जय-जयकार होने लगती।

स्थानीय चाचाओं के परिवारजन स्वच्छंद रूप से जीवन बिता रहे थे। गलती से पकड़े जाने पर बचाने के लिए तायाजी जो थे। पहले भाई-बहनों के बच्चों को भी अपना समझने का रिवाज था।

प्राण को अक्सर यह प्रश्न कचोटता था कि उनके भाई अपने दादके (पिता की तरफ के रिश्तेदार) की ओर से इतने विमुख क्यों रहे? उनका झुकाव नानके (मासी, मामा, नाना और नानी) के प्रति बहुत था। इस असंतुलित व्यवहार से वह खिन्न थे, ''अगर मैं बड़ा होता, तो उन्हें शहर में ढूंढ़ निकालता। जब होश आया तो बहुत देर हो चुकी थी।''

कहते थे, ''एक बार मैं मां का हाथ पकड़े बाजार में जा रहा था कि एक अधेड़ महिला मिली, उसने मुझे खाने को एक पेड़ा दिया। कहने लगी, 'बेटे घर आना'। कुछ दूर जाने पर मां ने बताया- यह मेरी बुआ है। उसके बाद वह मुझे कभी नहीं दिखी, न मैं उसके घर गया। ऐसा क्यों?'' वह हमेशा हर रिश्ते में संतुलन बनाए रखने के पक्षधर रहे।

उन्होंने पिता को नहीं देखा। वह बहुत छोटे थे जब पिता का साया उन के सिर पर से उठ चुका था। अपने पिता जिन्हें सब 'भाईया जी' कहते थे, के बारे में उन्होंने अपनी मां, भाई-बहन या फिर नाते-रिश्तदारों की जुबानी ही सुन रखा था। वह तो शुक्र है- दो-चार छायाचित्रों का जिनकी बदौलत पिता का चेहरा देखने को मिल गया।

सात बच्चे और पत्नी को छोड़ कर उनके पिता इस दुनिया से कूच कर गए। उन्हें गले में जड़ वाला फोड़ा हो गया था, जिसे आजकल हम कैंसर का नाम देते हैं। प्राण उस वक्त कुछ महीने या साल के रहे होंगे। इस अभाव से ग्रस्त होने के कारण ही वह ताउम्र किसी बच्चे के पिता के निधन पर फूट-फूट कर रो पड़ते थे। एक बच्चे के संघर्ष को उन्होंने भुगता था, जिया था।

इतना बड़ा परिवार, एक अकेली मां, कैसे पाले उन्हें? बड़े भाइयों ने छोटा-मोटा काम शुरू किया। कुछ दूरी पर नानाजी का घर था। नानी की आंखों की रोशनी चली गई थी। उनकी मां अपने पिता के घर जाकर उनके परिवार का भोजन पका आती थी और अपने बच्चों का खाना पका कर ले आती थी। इस तरह कुछ वक्त गुजरा।

भाई थोड़ा बहुत कमा कर मां को देने लगे। परिवार का खर्चा रेंगने लगा। बड़ी बहन राजकुमारी की शादी लुधियाना में रहने वाले एक लड़के से कर दी गई।

हिचकोले खाती जिंदगी बीत रही थी। प्राण अपने प्राइमरी स्कूल की पढ़ाई और दोस्तों की मस्ती में व्यस्त थे। वह दस वर्ष के हो गए थे कि अचानक हिंदुस्तान के विभाजन की आग फैल गई।

प्राण की निजी डायरी से कुछ अंश उद्धृत हैं :

दस वर्षीय प्राण के बाल मन ने भारत के विभाजन को अपनी आंखों से देखा और दिल से भुगता है। उन्हीं के शब्दों में ज्यों का त्यों वर्णन पाठकों के लिए...

15-8-1989

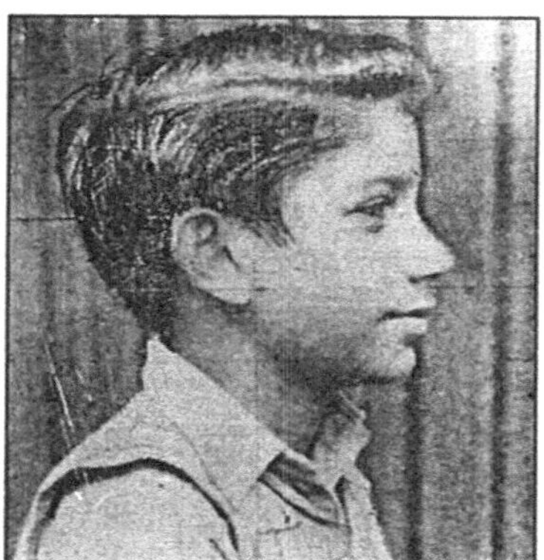

प्राण, पाकिस्तान विभाजन के समय

हिंदुस्तान 15 अगस्त, 1947 को आजाद हुआ था। उस वक्त मैं लड़का था। मुझे याद है कि आजाद भारत की जो लोग कल्पना करते थे वह थी कि आजादी के बाद चारों तरफ खुशहाली आएगी, गरीबी दूर भाग जाएगी, सब को इंसाफ मिलेगा, सारा देश एक परिवार की तरह रहेगा। आजादी मिलते ही लोगों पर जो कहर बरपा, वह था हिंदू-मुसलिम झगड़े। पाकिस्तान के हिंदू भारत की तरफ भाग रहे थे और हिंदुस्तान के मुसलमान पाकिस्तान की तरफ। सब अपनी जान बचाने की कोशिश में थे।

आम दिनों की तरह मैं बच्चों के साथ सड़क पर गोलियां (कंचे) खेल रहा था। दोस्तों में कुछ मुसलिम भी थे। पंजाब में जो कत्लेआम हो रहा था, उससे हम बेखबर थे। उसकी वजह शायद यह रही होगी कि हमारे शहर कसूर में तब तक खूनखराबा नहीं हुआ था। तब तक अमन-चैन था। कभी-कभी मुसलमानों के जलूस निकलते थे, आग अंदर ही अंदर भड़क रही थी। हिंदुओं

और सिखों ने अपनी सुरक्षा के लिए ईंटें, लाठियां, तीर कमान, आग बुझाने के लिए पानी भरी बालटियां इकट्ठी कर रखी थीं। पर अभी तक खुलेआम टकराव की नौबत नहीं आई थी।

गोलियां खेलते हुए हमारे कानों में शोरगुल की आवाजें आईं। हमने देखा गवर्नमेंट स्कूल के मैदान में दर्जनों बैल-गाड़ियां मुसलिम परिवारों से भरी हुई आई थीं। वे हिंदुस्तान से खदेड़े हुए लोग थे। स्कूल के खाली कमरों में उन्हें पनाह दी गई थी। हम खेलना भूल कर उन्हें देखने लगे। कुछ लोग 'अल्ला हू अकबर' के नारे लगा रहे थे।

शहर में तनाव बढ़ चुका था। हिंदू और सिख परिवार तांगों में बैठकर स्टेशन की तरफ जा रहे थे। वे जान बचाने के लिए हिंदुस्तान की तरफ कूच कर रहे थे। मैंने देखा, तांगे में मेरे भूगोल के मास्टर बेलासिंह का परिवार भी था। थोड़ी दूर पर कोटरूकन दीन के पास मुसलमानों के एक ग्रुप ने उन्हें घेर लिया और तलवारों से दुबलेपतले, किसी को हानि न पहुंचाने वाले मास्टर बेलासिंह, उसकी पत्नी, बेटियों और एक बेटे को मार डाला। मैं दहशत में आ गया। मेरे मुसलिम साथियों ने मुझे घर जाने की सलाह दी। भागते हुए मैंने अपनी जमीन पर बिखरी हुई गोलियां जेब में भर लीं।

घर पहुंचने पर मां ने ऐसे माहौल में बाहर जाने के लिए डांटा। मेरे दो भाई कंवरनाथ और रंजीतनाथ, उसकी पत्नी घर पर थे। मुझ से बड़ा भाई रंधीरनाथ जो एक दवाइयों की दुकान पर काम करता था, बाहर गया हुआ था। घर पर सब लोग उसके लिए चिंतित थे। सुबह जब वह काम पर गया था, हर ओर अमन-चैन था। किसे पता था कि चंद घंटों में साफ-सुथरे आसमान में खून के लाल बादल मंडराने लगेंगे।

मुहल्ले के हिंदू परिवार बतिया रहे थे कि जितने लोग भाग कर स्टेशन गए थे, सब को मुसलमानों ने उनका सामान लूट कर मार डाला। दोपहर को 2 बजे रंधीरनाथ घर लौट आया, सब ने चैन की सांस ली।

रात को हमारे मुहल्ले, कोट रामगढ़ के सारे हिंदू और सिख परिवार छतों पर सोए थे। कुछ लोग रात को पहरा देते रहे थे, उन्हें डर था कि मुसलमान रात को हिंदुओं पर हमला न कर दें। सारे मुहल्ले में एक मुसलिम परिवार था। वह हमें अरबी पढ़ाते थे। सब को डर था कि कहीं वह हमला न करा दे। पर ऐसा नहीं हुआ।

दूसरे दिन 16 अगस्त, 1947 को जब सुबह हमारी नींद खुली तो हमने कोट आजमखां, कोटखानदीन में दूर-दूर तक हिंदुओं के घरों को जलते हुए देखा। हम घिर गए थे। नीचे उतरें तो मुसलिम लीग की तलवारों के शिकार होते हैं, छतों पर रहने पर घरों को आग लगने का डर था।

हिंदुओं में एक पुलिस का सिपाही भी था। तय हुआ कि वह वर्दी पहन कर फिरोजपुर जाए और घिरे हुए हिंदुओं के लिए मदद ले कर आए। जाते हुए वह कह गया कि अगर वह शाम तक मदद ले कर लौट आया तो ठीक, नहीं तो समझ लेना उसे मार डाला गया है।

रात तक वह नहीं लौटे। सब उदास थे। उनके परिवारों ने तो रोना शुरू कर दिया था।

दूर तक घुप्प अंधेरा था। हिंदुओं के जलते घरों की आग से कुछ रोशनी आ रही थी। बीच-बीच में 'अल्ला हू अकबर' की आवाज गूंज जाती थी।

अगले दिन सुबह औरतों ने छतों पर रोटियां पकाईं। सब्जी नहीं थी। मेरी मां ने आम का अचार डाला था। भाई रंधीर नीचे जाकर अचार का मर्तबान उठा लाया। अचार मीट से भी अधिक स्वादिष्ट लगा।

दोपहर के 12 बजे मिलिट्री के कुछ ट्रक आकर हमारे मुहल्ले के बाहर आ कर रुके। वह सिपाही मदद ले कर आया था। भारत सरकार ने हम घिरे हुए हिंदुओं को निकालने के लिए मदद भेजी थी।

कमांडर ने आते ही कहा कि कोई भी व्यक्ति अपने साथ सामान नहीं लाएगा। ट्रकों में सिर्फ इंसानों को बैठना होगा। लोग घरों से निकल कर ट्रकों की तरफ भागे।

कुछ मुसलमान हम पर हमला करने के लिए लपके। मिलिट्री ने हवा में फायर किए।

मिलिट्री के ट्रक हिंदू परिवारों को लेकर हिंदुस्तान की तरफ चल दिए। रास्ते में कोई अप्रिय घटना नहीं घटी। हमें फिरोजपुर के आर्यसमाज स्कूल में ठहरा दिया।

पड़ावः ग्वालियर

शरणार्थी शिविर में कुछ समय रहने के बाद वे लोग ग्वालियर (म.प्र.) चले गए। वहां पर उनकी बड़ी बहन राजकुमारी अपने पति के साथ रहती थी। थोड़ा वक्त जैसे-तैसे गुजारा फिर लश्कर के हनुमान नगर में सरकार की तरफ से एक छोटा-सा घर मिल गया। सब वहीं रहने लगे।

असली मुद्दा था रोजी-रोटी का। तीसरे नंबर के भाई जोगिंदरनाथ और पांचवें नंबर के भाई रणधीर दिल्ली काम की तलाश में चले गए। छोटी बहन कमला का विवाह कर दिया गया।

इतने बड़े परिवार की जिम्मेदारी उठाने की वजह से सबसे बड़े भाई कंवरनाथ पूरी उम्र अविवाहित ही रहे। जिंदगी के आखिरी पड़ाव में वह इस अभाव से खिन्न भी हो उठते थे। पर जब एक बार वक्त हाथ से निकल जाए तो फिर वह लाख कोशिश करो, हाथ कहां आ पाता है!

प्राण अपने दोनों भाई, मां और भाभी के साथ हनुमान नगर में रहने लगे। बड़े भाई ने लश्कर (पाटनकर बाजार) में एक बोर्ड पेंटर की छोटी-सी दुकान खोल ली। उसका नाम रखा गया 'नाथ पेंटर्स', प्राण सुबह-शाम भाई का हाथ बंटाते थे। भाई साहब को हिंदी बहुत अच्छी तरह नहीं आती थी, इसलिए प्राण इस में मदद करते थे। उन दिनों होटलों, दुकानों वगैरा का नाम हाथ से लिखने का रिवाज था। छोटे भाई ने घर में दर्जी का काम शुरू कर दिया था। घर का खर्चा रेंगने लगा।

प्राण ने घर के पास ही सर्राफा मिडिल स्कूल में पांचवी कक्षा में प्रवेश ले लिया। उन्हें हिंदी नहीं आती थी। कसूर में उर्दू पढ़ते थे। मेहनत ने रंग दिखाया और हिंदी भाषा पर पैठ बनने लगी।

पूरा मुहल्ला शरणार्थियों का था। जिस मकान में वे रहते थे, उसमें बिजली

नहीं थी। संयोगवश उनके घर के बाहर एक बिजली का खंभा था, जिसकी रोशनी मकान की छत पर आती थी। जब इरादा बुलंद हो तो हर मुश्किल का हल निकल आता है। ऐसा ही यहां हुआ। जब सब सोते थे, वह नन्हा बालक अपनी पढ़ाई पूरी करने में लगा रहता था।

गली में रहने वाला प्रल्हाद उनके लिए एक आदर्श था। संघर्ष से भरी उसकी जिंदगी में तो उसकी मां भी नहीं थी। उसकी मेहनत रंग लाई और मेडिकल में उसका दाखिला हो गया। पहले प्रतियोगिता की परीक्षाएं नहीं देनी पड़ती थीं, हायर सैकंड्री के अंकों के आधार पर प्रवेश मिलता था।

वह अक्सर याद करते हुए कहते थे, ''जब हम ग्वालियर के घर में रह रहे थे, बिना बिजली के, पंखे के, मच्छरों के भिनभिन करते संगीत को खूब सुना है। मच्छर भी इतने ढीठ थे कि जैसे ही नींद आने लगती, वे अपना डिस्को शुरू कर देते थे। वे हर रोज घर में आते थे इसलिए परिवार के सदस्यों की तरह अपने से हो गए थे।''

सर्राफा मिडिल स्कूल के बाद प्राण ने जीवाजी राव इंटर मीडियट कॉलिज में दाखिला ले लिया। इस के बाद ग्रेजुएशन करने के विचार से विक्टोरिया कॉलिज (एम.एल.बी.) ज्वाइन किया। कॉलिज घर के पास ही था, इसलिए पेंटर की दुकान पर भी काम चलता रहा।

बी.ए. में उनके विषय थे- अंग्रेजी साहित्य, पॉलिटिकल साइंस और अर्थशास्त्र। प्राण को शुरू से ही चित्रकला में रुचि थी। धीरे-धीरे जब कुछ ऑयल पेंटिंग एकत्रित हो गई, तो उन्होंने अपने कॉलिज में प्रदर्शनी लगाई थी। धीरे-धीरे प्रोफेसर से होती हुई उनकी चित्रकला की प्रसिद्धि प्रिंसीपल तक पहुंची, तो कॉलिज में होने वाले विभिन्न कार्यक्रमों के ड्राइंग बनाने की, पोस्टर से सजावट तक का कार्यभार इनके कंधों पर रहता। इससे मिलने वाली आर्थिक सहायता से इनका पढ़ाई का खर्चा निकलता रहा। बीच-बीच में फोटो स्टूडियो के परदे बनाने का काम भी मिला। यह राशि प्राण की व्यक्तिगत, एकदम निजी जेब में जाती थी।

उस वक्त लगने वाली हिंदी अंग्रेजी की शायद ही कोई फिल्म ऐसी थी, जो देखी न हो। फिल्मों के बारे में खूब जानकारी थी। बच्चे जब कहते थे, ''पापा, आपने कोई फिल्म देखी न हो, ऐसा नहीं लगता।'' तो वह मुस्कुरा कर कहते थे, ''भई, हमारा मंनोरंजन का सहारा भी कौन-सा था।'' टॉकीज के नाम थे- छाया, चित्रा और रीगल- जो अब नहीं हैं।

पहले आज जैसे पिक्चर हॉल नहीं होते थे। बिना एयरकंडीशन के, पंखे हवा फेंकते थे। कभी-कभी पंखे भी जवाब दे जाते थे। पर इसकी परवाह किए बिना फिल्म का पूरा आनंद लिया जाता था। लश्कर में कई टॉकीज थीं, जो अब बंद हो गई हैं। अब उनकी जगह ले ली है पी.वी.आर. ने- जहां एक ही हॉल में कई फिल्में एक साथ देखने का प्रबंध सुचारू रुप से होता है। आज की तरह पहले के सिनेमा हाल में पॉप कॉर्न, कोल्ड ड्रिंक्स कहां मिलते थे। कई टॉकीज में तो दर्शक अपनी लकड़ी की बेंचें भी अपने साथ ले कर जाते थे।

घर पर समाचार पत्र नहीं आते थे। कॉलिज की लाइब्रेरी में पढ़ने के अलावा उन्हें कुछ और पढ़ने को मन ललचाता था। पब्लिक लाइब्रेरी का सदस्य बनने की फीस भरने की हालत नहीं थी। सेंट्रल लाइब्रेरी महाराज बाड़ा लश्कर में थी। वहां एक विशाल पुस्तकालय और वाचनालय था। प्राण वक्त निकालकर वहां समय बिताते थे। वहां विभिन्न समाचार पत्र पढ़ने में खूब मन लगता था। एक बार उन्होंने बताया कि कोई कथा या उपन्यास कई किश्तों में समाप्त हो पाती थी। उनका सपना था कि बड़ा होकर आत्मनिर्भर होने पर वह पुस्तकें और केवल पुस्तकें खरीद कर अपनी लाइब्रेरी बनाएंगे।

धीरे-धीरे उनकी निजी लाइब्रेरी बन गई, जिसे वह अपनी संपदा मानते थे। किसी को उपहार देने हेतु पुस्तक से बढ़कर कुछ नहीं था उनकी निगाह में। प्रेमचंद सर्वप्रिय लेखक थे। उनकी कहानियों के अंश को जहां-तहां उद्धृत करने से नहीं चूकते थे वह। इस तरह साहित्य की ओर रुझान होने के साथ सामान्य ज्ञान का ग्राफ भी दिन दूना रात चौगुना बढ़ता गया।

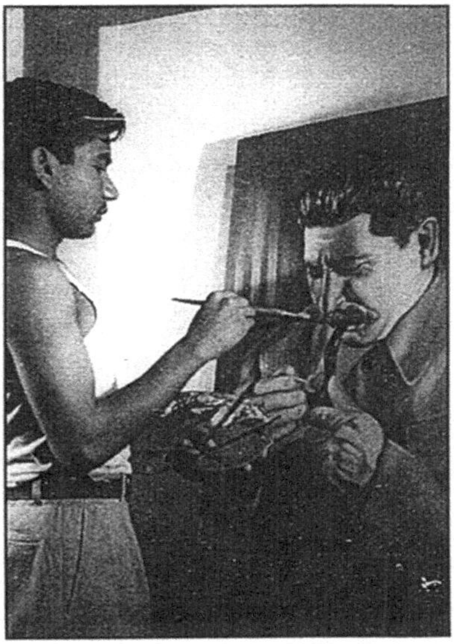

प्राण-बचपन से कला में रुचि

स्टूडेंट्स फेडरेशन ऑफ इंडिया का लश्कर में छोटा-सा दफ्तर था। प्राण जैसे कई नौजवान वहां हर रोज बैठते थे। कम्यूनिस्ट पार्टी से संबधित प्रकाशित सामग्री पढ़ने में खूब आनंद आता था। कार्ल मार्क्स का उन पर विशेष प्रभाव पड़ा।

प्राण- एम.एल.बी. कॉलिज ग्वालियर में एकल प्रदर्शनी

श्री अटल बिहारी वाजपेयी उन दिनों ग्वालियर में रहते थे। कुछ दिन तक प्राण ने जनसंघ की शाखा में जाने का नियम बनाया, किंतु पढ़ाई, रोजी-रोटी के लिए जूझता युवक उस ओर से मुड़ गया। डॉ॰ विजय वापट, डॉ॰ कमल, डॉ॰ सलिल और मजदूर नेता सतीश गोविला को वह अपने करीबी मित्र मानते थे। काफी लंबे समय तक मिलना-जुलना भी होता रहा, मिल-बैठ कर पहले की राजनीति और आज का बदलता परिवेश ही चर्चा का मुख्य मुद्दा रहता था।

अतीत हर व्यक्ति का होता है, कोई जीने के लिए उसे याद रखता है, कोई जीने के लिए उसे भूल जाना चाहता है। ऐसा ही कुछ प्राण के साथ भी होता था। ग्वालियर में बीते अपनी जिंदगी के उस पक्ष की वह प्राय: चर्चा तो करते पर कभी-कभी मन भारी हो जाता था- अभाव और संघर्ष को याद करके। वह स्वयं चकित थे कि उन्होंने उस माहौल में अपना अध्ययन कैसे बनाए रखा और विभिन्न पुस्तकें पढ़ने का शौक भी। इस का श्रेय वह देते थे दोस्तों की संगति को। संगति का हमारे चरित्र और जीवन निर्माण में बहुत सहयोग रहता है- फिर यह संयोग है कि आपका साथ अच्छा है या बुरा। उन्हीं के शब्दों में, जो वह प्राय: दोहराते थे, व्यक्ति अपने संगी-साथियों से पहचाना जाता है। हम

एम.एल.बी. कॉलिज ग्वालियर

जीवन में समान विचारधारा के व्यक्ति के साथ सहजता से रह पाते हैं। ऐसा साहचर्य चलता भी लंबा है।

ग्वालियर की गजक और वहां की कचौड़ी खाना उन्हें खूब भाता था। कोई भी ग्वालियर से आ रहा हो तो प्राण की गजक और कचौड़ी की फरमाइश फौरन उन तक पहुंच जाती थी।

दिल्ली पहुंचे

ग्रेजुएशन पूरा होने के बाद प्राण ने दिल्ली जा कर बसने का मन बनाया। ग्वालियर में रह गए उनके दो भाई। मां अपने लाड़ले के साथ दिल्ली आ गईं। कुछ दिन बहन-भाइयों के साथ टिकने के बाद कमरा किराए पर ले लिया।

सब से पहले कमरा मिंटो ब्रिज के पास बने सरकारी क्वार्टरों में मिल गया। वहां से काम ढूंढने के लिए आना-जाना आसान था। यह स्थान दिल्ली के बीचों-बीच था, हर तरफ की बसें आसानी से मिल जाती थीं। प्राण जहां भी रहे, अपनी मां को अपने साथ रखा।

मां से उनका विशेष लगाव था। वह उन्हें 'मां' कह कर ही पुकारते थे और उन्हें 'काका' कहा जाता था। प्राण भावुक होकर प्राय: याद करते थे कि उनकी मां किस तरह लकड़ी के चूल्हे पर फूंक मार-मार कर खाना बनाती थीं। धुएं से भले ही आंखें लाल हो जाएं, पानी निकलने लगे- पर हाय री ममता, चेहरे पर झलकता प्यार उनके दिल की बात बयां कर देता था। बच्चों के मुंह में जाती हर ग्राही उन्हें सुकून पहुंचा जाती थी। अपनी मां के हाथ के बने परांठे प्राय: याद आते थे- किसी भी शेफ के परांठे उनके आगे कुछ नहीं लगते थे।

दिल्ली में आ कर कुछ पूंजी जमा करके एक चमचमाती 'राजदूत' मोटर साइकिल खरीदी गई। उस पर बिठा कर मां को दिल्ली की पार्लियामेंट का चक्कर लगवाया था। वह अपने काके की तरक्की पर बेहद प्रसन्न थीं, मानो राष्ट्रपति भवन ही खरीद लिया गया हो।

ग्रेजुएशन पूरी करके वह दिल्ली रहने लगे। उन्हें ऐसे महाविद्यालय की तलाश थी, जहां शाम को पढ़ाई हो। दिन-भर कुछ न कुछ काम करके पैसे कमाए जा सकें। उन्हीं दिनों दिल्ली कॉलिज, जो पंजाब विश्वविद्यालय से मान्यता

प्राप्त था, खुला था। वहां कामकाजी विद्यार्थियों को ध्यान में रखते हुए, कक्षाएं शाम को आयोजित होती थीं। प्राण ने यहां एम.ए. (राजनीति शास्त्र) में प्रवेश ले लिया।

पहले फिल्मों के रंग-बिरंगे पोस्टर बहुत प्रसिद्ध थे। फिल्म आने से पहले सड़कों पर उस के पोस्टर बना कर लगा दिए जाते थे। यही प्रचार का माध्यम था।

पहाड़गंज, दिल्ली स्थित एक छोटे से स्टूडियो में प्राण को काम मिल गया, दिन-भर पोस्टर बनाते, शाम को प्राइवेट कॉलिज में पढ़ते और रात को थके-मांदे सो जाते। कई दिनों तक यही ढर्रा चलता रहा।

जिस का चित्रकला में हाथ जमा हो, उसे जीवन निर्वाह के लिए इधर-उधर भटकने की आवश्यकता नहीं होनी चाहिए। ऐसा ही प्रश्न कौंधा- प्राण के युवा मन में। बस फिर क्या था, उन्होंने कुछ पाठशालाओं में चित्रकला के अध्यापक हेतु आवेदन कर दिया। हर जगह से साक्षात्कार का निमंत्रण आ गया। वह जहां गए, चित्रकारी की परीक्षा में अच्छे अंक पाए। समस्या आड़े आई- डिप्लोमा की। इसके लिए ड्राइंग में डिप्लोमा होना अनिवार्य था।

प्राण को बहुत दुःख हुआ और उन्होंने सर जे.जे. स्कूल ऑफ आर्ट, मुंबई में फाइन आर्ट में प्राइवेट छात्र के रूप में प्रवेश लिया। परीक्षा देने के लिए वर्ष में एक बार जाना पड़ता था। इसके अभ्यास हेतु बंगाली मार्केट में श्री अबनीसेन के पास जाने लगे। इस प्रकार राजनीति शास्त्र में एम.ए. और फाइन आर्ट का डिप्लोमा प्राप्त कर अपनी शिक्षा को विराम दिया।

राजनीति शास्त्र, सामान्य ज्ञान तथा कला की जानकारी ने मिल कर प्राण के मन में उथल-पुथल भर दी। इस अमृत मंथन का परिणाम कारटूनिंग का संज्ञान बन कर उभरा। प्राण, जो एक दिन ड्राइंग टीचर बनने की ललक लिए दर-दर भटक रहे थे, कारटून बनाने की ओर स्वयं को पाने लगे। कभी-कभी कुछ अच्छा होने के लिए होता है, हम निराश हो जाते हैं, पर ऐसा नहीं है। यदि उन्हें अध्यापक का पद मिल जाता, तो वह कभी कारटूनिस्ट नहीं बन पाते।

मिंटो ब्रिज से पहले वह अपने भाई जोगिंदर के साथ करोल बाग, बहन कमला के घर सीताराम बाजार और भाई रणधीर के साथ कनाट प्लेस में कुछ-कुछ समय रहे। पर वहां संघर्ष से जूझते वे लोग अपने लिए ही सुविधाएं जुटा पाएं उतना ही बहुत था, इसलिए प्राण ने मां के साथ अलग बसेरा बनाना ही उचित समझा। मां को भी इस छोटे अविवाहित बेटे का पूरा सहारा था। दूसरी

संतानें अपने-अपने घर-परिवार में उलझी हुई थीं।

पढ़ाई पूरी करने के बाद वह फौज में जाना चाहते थे या फिर कॉलिज में लैक्चररशिप को अपना पेशा बनाना चाहते थे। शौक-शौक में कारटून बनाते हुए कारटूनिस्ट बन गए। बड़े भाई कंवरनाथ ने जयपुर से ड्राइंग में प्रशिक्षण लिया था। प्राण का ड्राइंग के प्रति रुझान उन्हीं से प्रेरित हो कर हुआ।

घर वाले आर्थिक तंगी से जूझ रहे थे, वे चाहते थे कि उन का बेटा बी.ए. पास कर के किसी भी प्रकार की छोटी-मोटी नौकरी कर ले।

रुझान: कारटून का

कॉलिज में पढ़ते हुए उन्होंने कुछ कारटून बना कर मिलाप, शंकर्स वीकली में भेजे। प्रकाशित होने पर उत्साहवर्धन हुआ। पढ़ाई के साथ-साथ विभिन्न पत्र-पत्रिकाओं में कारटून छपने लगे।

1960 में वह नवभारत टाइम्स के संपादक अक्षय कुमार जैन से मिले। 'अंडर सैक्रटरी' हर रविवार को छपने लगा। यह फीचर कई साल तक प्रकाशित होता रहा।

जब वह नवभारत टाइम्स के संपादक श्री अक्षयकुमार जैन से मिले, तो उनसे देश भर में छाए विदेशी कॉमिक स्ट्रिप पर भी चर्चा हुई। उस समय हमारे देश में इंडियन सिंडीकेट नहीं था। प्राण ने 'प्राण फीचर्स' सिंडीकेट

प्राण : स्टूडियो में

बनाया। कॉमिक स्ट्रिप बनाई। तब फोटोस्टेट मशीन नहीं होती थी, इसलिए उन्हें अलग-अलग पत्र-पत्रिकाओं में कॉमिक स्ट्रिप भेजने के लिए बार-बार अलग कॉमिक बनानी पड़ती थी।।

1960 में शंकर, कुट्टी राजनीतिक कारटून बनाते थे। सैम्यूल ने बाबूजी पॉकेट कारटून बनाया। इन्होंने प्राण को बहुत प्रभावित किया।

उन्होंने 1960 में भारतीय कॉमिक की नींव डाली। इसी बीच वह उर्दू के 'मिलाप' समाचारपत्र के संपादक रनवीर से मिले। उर्दू तो उन्हें आती थी, उस पर पकड़ अच्छी थी। पाकिस्तान में पढ़ी हुई उर्दू काम आ गई। उन्होंने हर रविवार को एक कॉमिक और प्रतिदिन एक पॉकेट कारटून बनाने पर सहमति दे दी। इस तरह उनका कारटूनिंग करियर पेंगें लेने लगा।

इसके अलावा धर्मयुग, साप्ताहिक हिंदुस्तान, नवभारत टाइम्स, दैनिक हिंदुस्तान, कादम्बिनी, नंदन में समय-समय पर पाकेट कारटून छपने लगे।

कारटूनिस्ट आबू की बहुत प्रशंसा करते थे प्राण। उनकी एक ही रेखा से तैयार किए कारटून के वह बहुत कायल थे। सच्चा और सटीक कारटून वही होता है, जिसकी रेखाएं बिना कुछ कहे बहुत कुछ कह जाती हों। ऐसे ही थे आबू।

उनके अनुसार बिना कैप्शन का कारटून सर्वोतम होता है। हास्य पैदा करने या हंसाने के लिए जोर-जबरदस्ती थोड़े ही की जानी चाहिए, यह तो वह भाव या मन:स्थिति होती है, जो अपने आप बिना प्रयास के आप को गुदगुदा कर हंसा-हंसा कर लोट-पोट कर जाए, और आप इस प्रतिक्रिया पर हैरान रह जाएं। मुंह से निकले- 'भई, वाह!'

मां-बेटे का जीवन पटरी पर आ गया। प्राण ने सोच लिया था कि अब उन्होंने कारटून की पगडंडी पर आगे बढ़ना है। इधर-उधर से ध्यान हटाकर वह कारटून सिर्फ कारटून बनाने लगे।

विवाह

प्राण आशा

मुंडा पैरों पर खड़ा हो गया है, तो अब मां को उसका घर बसाने की चिंता सताने लगी। एक दिन उन्होंने रोटी सेंकते-सेंकते अपने मन की बात कह डाली, ''काके, अब तू शादी कर ले। नहीं तो मैं कुएं में गिर कर अपनी जान दे दूंगी।''

प्राण मां की बात सुनकर सोच में डूब गए। दो व्यक्तियों का खर्चा तो जैसे-तैसे पूरा पड़ता है, एक नए शख्स का बोझ उठाना-बाप रे बाप! वह स्वयं को इस के लिए तैयार नहीं पा रहे थे। पर मां थीं कि उठते-बैठते अपना राग ऊंची आवाज में अलापने लगीं।

इसी बीच साठ के दशक में वह दिल्ली से मुंबई सर जे. जे. स्कूल ऑफ आर्ट में डिप्लोमा की परीक्षा देने के लिए जा रहे थे। इसकी तैयारी करके प्राइवेट प्रार्थी के रूप में परीक्षा में सम्मिलित होना था। रास्ते में ग्वालियर रुक गए, वहां उनके बड़े दो भाई रहते थे। पहले वैवाहिक विज्ञापन तो होते नहीं थे, घर की

बुजर्ग महिलाएं एक दूसरे के कान में विवाह योग्य बच्चों की जानकारी पिरो देती थीं। बस उनका इंटरनेट आज के इंटरनेट से कम एक्टिव नहीं था। जगह होती थी गली-मुहल्ले में कीर्तन, शादी, जन्मदिन या फिर किसी का विवाह समारोह। विवाह के मौके पर यह सैंट-परसैंट हाई स्पीड पर एक्टिव होता है। माता-पिता अपने शंटुओं को सजा-धजा कर बारात में ले जाते थे। लड़की वालों की खोजी आंखें इसमें जुट जाती थीं। मैंने स्वयं अपनी सखियों की शादी में बायोडाटा आदान-प्रदान होते देखे हैं। कई रिश्ते जुड़ते भी पाए हैं।

मेरी मां ने अपनी एक परिचिता से वर की तलाश की मांग कर दी थी। संयोगवश वह प्राण के भाई के घर के पास रहती थीं। बस फिर क्या था? संदेश वायरलैस के जरिए यथास्थान पहुंच गया। उत्तर भी आ गया। लड़का एक दिन रुक कर मुंबई आर्ट की परीक्षा देने जा रहा है। लड़की को देखने उसी दिन शाम को आने की खबर ने हमारे घर भर में उल्लासमयी हलचल मचा दी।

मैं बी.ए. फाइनल में थी। कॉलिज से लौटने पर मैंने देखा, कमरों को सजाया जा रहा है, जो चादरें बक्से से बाहर नहीं झांक पाती थीं, वे दीवान और पलंग की शोभा बढ़ाकर दांत निकाल कर हंस रही हैं। वातावरण खुशनुमा था। रसोईघर से उठती खुशबू ने पकवानों की हाजिरी का अहसास करा दिया।

मैं कुछ पूछती, उससे पहले मां ने कह दिया, ''फटाफट तैयार हो जा, तुझे देखने लड़का अपने भाई के साथ हमारे घर आने वाला है।'' कहते हुए उन्होंने एक सिल्क की साड़ी मेरे हाथ में थमा दी।

मैंने इस साड़ी को मां से कई बार मांगा था, पर वह हमेशा ना-नुकुर कर देती थीं। आज के दिन के महत्व को समझते हुए उन्होंने अपनी प्यारी साड़ी हमें दे ही दी।

नियत समय पर प्राण हमारे घर पर अपने बड़े भाई के साथ आ पहुंचे। मां ने आदेश दिया कि 'तुम्हें चाय की ट्रे लेकर बैठक में जाना है।'

बाप रे बाप, यह कैसा फरमान। पहले लड़कियां माता-पिता का कहना नहीं टालती थीं। हम आज्ञाकारी सुपुत्री का पोज देते हुए कमरे में दाखिल हुए। मंच पर कई बार वाद-विवाद प्रतियोगिता में भाग लेने वाले हम जैसे दबंग जीव की हालत निरीह हो गई थी। हाथ कांपने लगे, धड़कनें बढ़ गईं। हम ने हिम्मत कर के ट्रे मेज पर रखी और शालीनता दर्शाते हुए दोनों हाथ जोड़ दिए। भाई साहब ने हमारे अभिवादन का प्रत्युत्तर दिया, पर प्राण ने हमारी तरफ झांका भी

नहीं। हमारी भी घबराहट के कारण हालत खस्ता थी। आदेशानुसार हमें फौरन कमरा छोड़ देना था।

बाद में पता चला कि अभी लड़के ने लड़की को देखा नहीं। इसलिए दोबारा चाय की ट्रे लेने हमें जाना था। वैसे हम लड़की को इस तरह पसंद करने के सख्त खिलाफ थे। इस पर सखी मंडली में न जाने कितनी बार भाषण भी दिया था। जब स्वयं पर मुसीबत आन पड़ी, तो चुप रह गए।

मां ने कहा, सामने वाले कमरे के दरवाजे के सूराख से लड़के को अच्छी तरह देख लेना। हमने देखा, निर्णय अम्मा-पापा पर था। वैसे इंटरव्यू का नतीजा दूसरे पक्ष से भी आना था। इसकी प्रतीक्षा आई.ए.एस. के परिणाम से कम जटिल नहीं थी। आखिर पूरी उम्र का सवाल होता है।

मुझे नहीं लगता कि मां-पापा पूरी रात सो पाए होंगे। उनके कमरे से मुझे खुसर-पुसर की आवाजें सुनाई दे रही थीं। अपना तो यह आलम था कि गुदगुदाते सपने में डूबे, कब रात बीत गई पता ही नहीं चला।

पहले टेलीफोन तो होते नहीं थे। सुबह होने पर घर भर में उत्सुकता प्रतीक्षा, हलचल नजर आने लगी। किसी की जुबान पर कल की बात और परिणाम क्या होगा- की उलझन। तभी मां की सहेली घर आ पहुंची, जिन्होंने मध्यस्थता की भूमिका बखूबी निभाई थी। उन्होंने बताया कि लड़का मुंबई चला गया है, पर अपनी स्वीकृति दे गया है।

बस फिर क्या था! सब खुश हो गए और हम शर्माते हुए इधर से उधर मंडराने लगे।

अब मसला था सगाई का। पहले बात पक्की होते ही सगाई/शगुन का समारोह संपन्न हो जाता था। उसमें इतने तामझाम की बजाए परिवार जन और निकट संबंधी ही सम्मिलित होते थे। हमारी सगाई की खबर वायरलैस द्वारा हर परिचित के कानों को छू गई। प्रश्न था-लड़का करता क्या है? उन्हें समझाना मुश्किल था कि वह कारटून बनाता है। उस समय कारटून कला की समझ और पहुंच बहुत कम लोगों तक थी। किसी ने उन्हें आर्टिस्ट, तो किसी ने आढ़ी-तिरछी रेखा खींचने वाला कलाकार समझ लिया। शिक्षित और बुद्धिजीवियों के पल्ले प्राण का कारटूनिंग करियर पड़ गया। मेरे पापा ने अंदाजा लगा लिया था कि रचनात्मक कार्य की पगडंडियां बहुत ऊबड़-खाबड़ होती हैं। रास्ते स्वयं बनाने होते हैं। 'सेल्फमेड' की वह बहुत इज्जत करते थे। शायद इसीलिए उन्होंने प्राण

का छायाचित्र देखने से पहले, उनके द्वारा बनाया राजा जी का कारटून (उर्दू मिलाप) देखा था। हम ने भी पापा की टेबल के दराज से निकाल कर उस समाचार पत्र को आते-जाते कई बार देखा।

एक पड़ोसी ने तो यहां तक कहा था- इसका मतलब लड़के की सरकारी नौकरी नहीं है। उस वक्त यह बात हमारे पल्ले नहीं पड़ी थी, पर अब सोचते हैं, उन पड़ोसी महोदय के अनुसार तो हर प्राइवेट/निजी काम करने वाला विवाह से वंचित रह जाता।

दो महीने पहले सगाई हुई और 7 जुलाई, 1964 को हम विवाह सूत्र में बंध गए। एक दिन ग्वालियर रह कर हम दिल्ली के लिए रवाना हुए।

उस वक्त हमारे लिए कोई हवाई सेवा या फिर सुपरफास्ट रेलगाड़ी मुहैया नहीं कराई गई थीं। ग्वालियर स्टेशन, बूंदाबांदी होती- टपकती बारिश और पहली बार मायका अर्थात अपनों को छोड़ने की टीस। गाड़ी भी पैसेंजर- जो हर छोटे से छोटे स्टेशन पर सीटी मारती रुकने वाली। रेलगाड़ी के डिब्बे का पंखा मारे सुस्ती के हिल भर रहा था। प्राण, मैं और सासू मां पैसेंजर ट्रेन में सवार हो गए।

जनरल वार्ड में एक सीट पर प्राण आधे लेटे, आधे बैठे एक पुस्तक पढ़ने में लीन थे। हमने कनखियों से झांक कर उस का शीर्षक पढ़ लिया- 'सफल जीवन की सीढ़ियां'। ।दूसरी तरफ हम बार-बार सासू मां को पानी पिलाते, कभी हाथ पकड़ कर शौचालय लाते। हम दोनों बिना बोले हुए एक दूसरे को प्रभावित करने का प्रयास कर रहे थे।

दूसरे दिन दोपहर को डियर पैसेंजर गाड़ी नई दिल्ली रेलवे स्टेशन पर पहुंची। टैक्सी से घर पहुंचे। हम तीनों घर के भीतर दाखिल हुए। औपचारिकता तो कोसों दूर थी। सपनों का घर, एक छोटा-सा कमरा, रसोईघर। पता नहीं क्यों, वह अपना-सा लगा। हाथ में झाड़ू थामी और जुट गए सफाई में।

दिल्ली के देवनगर के एक कमरे से हमारा नया जीवन प्रारंभ हुआ। आज की सु-कन्याओं और हमारे में बहुत अंतर होता था। इच्छाएं और चाहतों का एक सीमित दायरा था। जो कभी घर के कार्य छुए तक नहीं थे, वे दौड़-दौड़ कर करके अपना इंप्रैशन जमाने लगे। 'इंप्रैशन' कितना जमा पाए, यह हम समझ न पाए। प्रयास निरंतर जारी रहा, यह कौन-सी कम बात है।

छोटे शहर की मासूम सी बच्ची स्वयं को मैट्रोपोलियन सिटी की एकदम

विपरीत परिस्थितियों में पचाती रही, खपाती रही। पर वैवाहिक जीवन की सरस उमंग को ऊबने नहीं दिया।

वक्त कब रुका है, फिर रुके भी क्यों? दिन गुजरने लगे। दूसरे दिन से प्राण ने कारटून बनाने शुरु कर दिए। घर पर बैठकर बनाते थे और मिलाप उर्दू के कार्यालय में दे आते थे, जो दूसरे दिन प्रकाशित होता था। एक छोटी-सी रैक्सीन लगी लकड़ी की मेज, कुरसी पर बैठकर कारटून बनाते थे। मेहमानों के आने पर वही हमारी डाइनिंग टेबल बन जाती थी।

उर्दू मिलाप के अतिरिक्त उनके कुछ कारटून हिंदी की विभिन्न पत्रिकाओं में छपने लगे। सब कुछ 'सिंपल एंड स्वीट' चल रहा था। एक दिन प्राण को पता चला कि विज्ञापनों की अधिकता के कारण मिलाप में उनके कारटून को स्थान नहीं मिल पाएगा। यह कैसी विडंबना- एक ओर वैवाहिक जीवन की शुरुआत- उस पर नौकरी जाने का वज्राघात। सहनशीलता और एकजुटता ने हमें बिखरने नहीं दिया। सब कुछ सहज हो गया।

विवाह के समय मैं मात्र ग्रेजुएट थी। मैंने ग्वालियर के एम.एल.बी. कॉलिज में एम.ए. (प्रीवियस) हिंदी में प्रवेश ले लिया। एम.ए. फाइनल उज्जैन के माधव कॉलिज से किया।

इस बीच हमने किराए पर मकान पटेल नगर, नई दिल्ली में ले लिया था। कभी मैं दिल्ली आ जाती थी, कभी वह मिलने आ जाते थे- पढ़ाई पूरी हो गई। प्राण का पूरा ध्यान मां रखती थीं। उनके सहयोग और पति के त्याग का परिणाम यह हुआ कि हमारी पढ़ाई पूरी हो सकी।

अपने घर का सपना बहुत मधुर होता है। पाकिस्तान बनने पर 'अपना घर' छूटने के बाद पूरे परिवार ने किराए के मकान का दुखद और कष्टप्रद पक्ष खूब भुगता था। इस कारण छोटा-सा घोंसला बनाने की चाहत प्रबल होती गई। प्रश्न था मकान बनाने के लिए पूंजी कहां से आएगी? मन ने झकझोरा कि जमीन होगी तो चारदीवार भी बन जाएगी।

नारायणा विहार, नई दिल्ली में छोटे से प्लाट का नंबर आ गया। हमने अपनी इस खुशी को अपने सगे संबंधियों से बांटा तो जवाब मिला- 'जमीन तो तूने ले ली है, मकान बनाने के लिए पैसे कहां से लाएगा' हम खिसियानी-सी हंसी हंस कर रह गए। हमारे शब्दकोश में अपने से बड़ों को मुंहतोड़ जवाब देने का कोई स्थान नहीं था।

उन दिनों टेलीफोन तो होते नहीं थे, पत्रों द्वारा ही संवाद किया जाता था। मैंने पिताजी को प्लाट खरीदने की सूचना दी। फौरन पोस्ट कार्ड आया–जमीन है, तो दीवारें भी बन जाती हैं। अपना घर होना वह भी इतनी छोटी उम्र में। इस से जिंदगी में मानसिक शांति मिलती है, जो जीने के लिए बहुत आवश्यक है।

अपनेपन से भरी इन पंक्तियों ने हमारा उत्साहवर्धन किया। और एक दिन जैसे–तैसे घर बन गया। इन्होंने अपने परिवार जन में सब से पहले 'घोंसला' बनाने हेतु तिनके, घास–फूस जुटाने की हिम्मत जुटाई।

मित्र: बुद्धिजीवी

एक बार मैं प्राण के साथ मुंबई गई, वहां पर 'धर्मयुग' के संपादक डॉ॰ धर्मवीर भारती और 'माधुरी' फिल्मी पत्रिका के संपादक श्री अरविंद कुमार से मिलने का अवसर मिला। वे प्राण से कितने खुलेपन और आत्मीयता से मुखातिब हुए कि मैं गद्‌गद हो उठी थी। उस समय हमारे पास न तो कैमरा था, न मोबाइल-कि उस मिलन को हमेशा के लिए छायाचित्रों में कैद कर लिया जाता। बस यादें, जो याद रहीं। मैंने भारतीजी को बताया था कि कॉलिज के दिनों में मैंने उनके द्वारा लिखित उपन्यास 'गुनाहों का देवता' तीन बार पढ़ डाला था।

उसी वक्त भारतीजी ने प्राण से कहा कि वह उनकी और अन्य साहित्यकारों की रचनाओं के 'शीर्षक' पर धर्मयुग में एक कार्टून सीरीज 'कवितार्टून' शीर्षक से प्रारंभ करें। ये कारटून बहुत प्रचलित हुए।

भारतीजी की रचना के शीर्षक पर बना कारटून छपने पर हमें उनका लिखित पत्र प्राप्त हुआ, उसमें लिखा था- 'प्राण, कवितार्टून देखा, चुटीलापन था, मजा आ गया।' एक व्यस्त व्यक्ति इतना वक्त निकाल सकता है- देख कर आश्चर्य हुआ था। शायद यही पारखीपन उनके जीवन की सफलता की कुंजी रहा होगा।

साप्ताहिक हिंदुस्तान पत्रिका में एक कॉमिक स्ट्रिप 'मुसीबत है' प्रकाशित होती थी। इसके कारटूनिस्ट रवीन्द्र हमारे घर पर रात्रि भोजन के लिए आमंत्रित थे। नई-नई शादी हुई थी- इससे पहले पूरी जिम्मेदारी के साथ भोजन हमने नहीं पकाया था। बाकी सब तो जैसे तैसे पक गया- पर चावल कच्चे रह गए। प्रारंभ में हमें कहां पता चला? जब अपने मुंह में चावल डाले तब अहसास हुआ कि शायद इसलिए लाख आग्रह करने पर भी अतिथि महोदय चावल के प्रति अपना मोह क्यों नहीं दिखा पा रहे थे।

हमने भी गुड मेजवान की भूमिका निभाते हुए उन्हें कई बार याद करा दिया था कि अगली बार उन्हें अच्छा पुलाव परोसा जाएगा। इसके बाद उन्होंने हमारे घर आने का कष्ट नहीं किया। अब सोचती हूं, प्राण की मनः स्थिति क्या रही होगी- पत्नी की पाककला की दक्षता की निकलती हुई झांकी देखकर। पर उन्होंने अपने कलेजे पर पत्थर रख कर हमें कुछ नहीं कहा।

एक उनके मित्र थे- मिस्टर राजेन्द्र पुरी, वह हिंदी समाचारपत्र के कारटूनिस्ट थे। अक्सर वह कनाट प्लेस के कॉफी हाउस में शनिवार/रविवार को कुछ समय साथ बिताते थे। लौटने पर उनके चेहरे पर ताजगी और प्रसन्नता साफ झलकती थी। कनाट प्लेस का कॉफी हाउस छोटे-बड़े सभी पत्रकारों के मिलने का अड्डा हुआ करता था। प्राण को समान विचारों के व्यक्तियों से मिलना-जुलना बेहद पसंद था। वरना सामाजिक परिपेक्ष्य में मैं उन्हें हमेशा शून्य ही देखती थी। हमारे विवाह के समय वह इतने खामोश थे कि एक पड़ोसन ने तो मेरी मां से पूछ लिया था, ''क्या लड़का गूंगा है?''

मां ने हंसते हुए कहा था, "मैं अपनी लड़की गूंगे लड़के को थोड़े सौंपूंगी?"

मैं ही क्यों, हर शख्स यही सोचता है कि दूसरों को हंसाने वाला इंसान ठहाके लगाता होगा। पर प्राण अत्यंत गंभीर, कम बोलने वाले थे। उन का मानना था हास्य और व्यंग्य एक गंभीर विषय है। वह ठहाके तो लगाते थे पर विशेष लोगों के साथ।

पुत्र जन्म

पुराने दिन मसूरी में परिवार

1967 में प्राण परिवार की बगिया में एक पुष्प खिला। प्रश्न था, उसका नाम क्या रखा जाए? वह राशि वगैरा को नहीं मानते थे- पंडित के पास जाने का तो प्रश्न नहीं उठता। वह चाहते थे नाम अर्थपूर्ण और साहित्यिक हो। उस समय बंगाल में एक पत्रकार निखिल चक्रवर्ती थे। उन्हें निखिल नाम बहुत पसंद था। हमने अपने पुत्र का नाम निखिल रख दिया। शब्द भी अर्थपूर्ण था- असीमित। परिवार में खुशियां भी असीमित आई थीं।

निखिल के प्रथम जन्मदिवस पर नरायणा विहार, नई दिल्ली में हमारा मकान बनाने का शुभारंभ हुआ। भूमि-पूजन वगैरा न होकर निखिल के छोटे-छोटे हाथों ने नींव की ईंट रखी। बात भी सही है, माता-पिता मकान बनाते हैं, आगे बच्चे ही उसमें रहते हैं। एक साल में मकान कुछ पूरा हुआ और हम उसमें रहने आ गए।

नई कॉलोनी, छितरे-छितरे मकान, छोटी-छोटी आवश्यकताओं का अभाव, पर अपने घर की असीमित खुशी ने यह सब बरदाश्त करने का साहस जुटा दिया। धीरे-धीरे नए घर बनने लगे, नए मित्र बने, नए पड़ोसी आए, खुशनुमा वातावरण में दिन बीतने लगे।

कॉमिक्स का प्रारंभ

प्राण अपने स्टूडियो में

1968 में प्राण ने हिंदी की पाक्षिक पत्रिका 'सरिता' के लिए श्रीमतींजी कॉमिक बनाई। श्रीमतीजी आम मध्यम वर्ग की महिला है। उनके पति किशोर से प्राय: नोंक-झोंक होती रहती है। इस नोंक-झोंक का आधार हमारे जीवन की छिटपुट समस्याएं तो हैं ही, वे हंसा भी जाती हैं। महंगाई, सेल का शौक, किटी पार्टी, त्यौहार पर गिफ्ट, मायके के प्रति रुझान, ससुराल से दूरी, पड़ोसी धर्म जैसे विषयों को जीते हुए बीच-बीच में प्राण कॉमिक्स में स्त्री सुलभ स्वभाव को भी बखूबी दिखा गए हैं। श्रीमतीजी की एक सहेली गोगी है, जो अपने मोटापे से परेशान है, इसी कारण उसका विवाह नहीं हो पाता। इसके लिए वह अनेक पापड़ भी बेल चुकी है।

प्राण कहते थे, ''श्रीमतीजी बनाते समय मेरी पत्नी ही मेरे सामने होती है। मेरी देवी जी की इच्छा है कि कुछ महिला कारटूनिस्ट मैदान में आएं और पुरुषों के छक्के छुड़ा दें।''

'मुझे अपने सभी कॉमिक पात्र अजीज हैं, लेकिन सबसे ज्यादा 'श्रीमतीजी।'

श्रीमतीजी कॉमिक में शीला और किशोर के दो बच्चे भी हैं। उनका नाम है निखिल और शैली। ये नाम हमारे अपने बच्चों के हैं।

जब मैं 'सरिता' के संपादकीय विभाग में कार्यरत हुई तो मेरे सहकर्मी कहते थे प्राण साहब की श्रीमतीजी के रूपरंग से आपका स्वभाव एकदम विपरीत है। मैंने कहा कॉमिक पात्र हम सब से प्रेरणा लेते हैं तभी शायद वे हमारा मंनोरंजन करने में सक्षम होते हैं।

प्राण ने जब कॉमिक जगत में पदार्पण किया तब चारों ओर विदेशी कॉमिक्स का बोलबाला था। वे लोग एक कारटून स्ट्रिप सिंडीकेट करके अनेक समाचार पत्रों में प्रकाशित करवाते थे। जैसे मैड्रिक, फैंटम आदि।

उनके कई विषय भारत के जनमानस को समझ नहीं आते थे। व्यावसायिक दृष्टि से पकड़ होने के कारण खूब छपते थे। प्राण ने सोचा क्यों न एक भारतीय कॉमिक बनाई जाए। ये हमारे अधिक समीप होंगी।

लोटपोट पत्रिका

उन्होंने 1969 में लोटपोट साप्ताहिक हिंदी बाल पत्रिका के लिए चाचा चौधरी बनाया।

प्रारंभ में उनकी पगड़ी का रंग सफेद और वह धोती कुरता पहनते थे। बाद में चाचा चौधरी की पगड़ी का रंग लाल, गले में टाई, जैकेट और पैंट पहने दिखाई दिए। छोटे कद के चाचा चौधरी के सिर के बाल सफाचट हैं। उनके हाथ में एक छोटी-सी छड़ी हमेशा रहती है। उनका दिमाग कंप्यूटर से भी तेज चलता है। वह एक बुद्धिमान बुजुर्ग हैं। इस पात्र की रचना करने से पहले प्राण के मन में चाणक्य का रूप आया था। हर गली मुहल्ले में कोई न कोई दानिशमंद व्यक्ति जरूर होता

है, जिसके पास लोग अपनी समस्याएं ले कर आते हैं।

इसी तस्वीर ने उन्हें चाचा चौधरी बनाने पर विवश किया। उनकी पत्नी बीनी हाथ में बेलन रखती है। चाचाजी उससे बहुत डरते हैं। उनकी नोंक-झोंक भी समां बांध देती है। एक आवारा कुत्ता यहीं आ कर बस जाता है, नाम है- राकेट। हर वक्त वह उनके साथ रहता है।

किसी भी समस्या को सुलझाने के लिए दिमाग के साथ चाहिए- अटूट शक्ति। जिसकी पूर्ति करता है ज्यूपीटर वासी साबू। वह भी चाचा चौधरी के परिवार का ही सदस्य बन गया है।

कुछ खलनायक हैं, जिन के द्वारा पैदा की गई कठिनाइयों को चाचाजी, साबू चुटकियों में हल कर देते हैं। जिस ट्रक पर वे इधर-उधर जाते हैं, उसको नाम दिया है- डगडग।

वह कहते थे, जो दूसरों को हंसाते हैं, वे जन्नत जाते हैं, उन पर रहम आता है, जो बिना हंसे, नोट गिनते हुए पूरी जिंदगी गुजार देते हैं।

प्राण ने चाहे मुझे ज्यादा जेवर न खरीदवाए हों, लेकिन हास्य थोक में गिफ्ट किया था। वह यदि देश के प्रधानमंत्री होते तो हास्य कैप्सूल मुफ्त में बांटते। आर.के. लक्ष्मण, वाल्ट डिज्नी, डेविड उनके चहेते कारटूनिस्ट थे। चूहे जीव को देख उन्हें बहुत आनंद आता था। उसकी उछल-कूद मन को भाती थी।

प्राण का स्टूडियो अपने घर के अगले कमरे में था। आगे बरामदे में गली के बच्चे खेलना शुरू कर देते थे, मैं उन्हें शोर न करने की हिदायत देती थी। पर वह ऐसा करने से मना करते थे, उन्हें बच्चों की शरारतों से कॉमिक का आइडिया आता था।

लोटपोट के लिए प्राण ने एक छोटी लड़की 'पिंकी' का पात्र बनाया। पिंकी बहुत शैतान और चुलबुल है। उसके दादाजी, नानी, माता-पिता और पड़ोसी अंकल तंग आ जाते हैं। दादाजी तो उसे 'आफत की पुड़िया' कह कर पुकारते हैं। पिंकी जिसके समीप जाती है, वह उससे पीछा छुड़ाना चाहता है।

पिंकी ने एक गिलहरी पाली हुई है। उसका नाम है- कुटकुट। कभी पिंकी तो कभी कुटकुट सब की नाक में दम करती है। पर उनकी शैतानियां हास्य से भरपूर होती हैं। प्राण ने पिंकी में अपनी बेटी शैली की झलक देखी। रचनाकार अपने आसपास के वातावरण से ही तो प्रेरित होता है।

कक्षा में बैठे-बैठे कभी वह अध्यापक का कैरीकेचर बना देते थे। एक

बार हद पार हो गई, जब उनका चेहरा बकरे से मिलने लगा। अंधविश्वास, चमत्कार भुलावा है। वह कहते थे कोमल मस्तिष्क वाले बच्चों को चमत्कारी चरित्रों से भरमाया न जाए। कॉमिक बच्चों पर असर करता है, इसलिए मैं जादू टोने से दूर रहता हूं। भारत के विभाजन के समय मेरे बाल मन ने खूनखराबा देखा था इसलिए मेरे कॉमिक में हिंसा नहीं होती। मैं यह सह नहीं पाता।

बचपन की शरारतें बताते हुए कहते थे- एक बार बरगद के पेड़ पर मादा कौवे ने घौंसले में अंडे दिए थे। उन्होंने अंडे छेड़ने चाहे तो कौए ने सिर में चोंच मारी। वह गिर गए। चार महीने बांह पर प्लास्टर चढ़ गया था। उन्हें दिल की गहराई से चंचल बच्चे भाते थे- बशर्ते कि वे तहजीब वाले हों।

वह चाहते थे कि अधिक लोग कार्टूनिंग को अपना करियर बनाएं। कारटूनिस्टों की नई पौध नए जमाने में नहीं आई, इसका उन्हें मलाल रहा। वास्तव में कारटूनिस्ट बनने के लिए हर रोज नया आइडिया ढूंढ़ना मेहनत की अपेक्षा रखता है। सिर्फ आइडिया ही रंग नहीं जमा सकता अगर उसकी रेखाएं सधी हुई न हों। प्रायः पाठक समझते हैं कि टेढ़ी-मेढ़ी रेखाएं, तो अनाड़ी या फिर थोड़ी बहुत ड्राइंग जानने वाला शख्स खींच सकता है। यह उनका भ्रम होता है। हर कारटून में रेखाओं का संतुलन तो होना ही चाहिए, उसके साथ हावभाव की अभिव्यक्ति उसमें जान डाल देती है।

चाचा चौधरी कॉमिक

सबसे उम्दा कारटून वही होता है, जिसमें कुछ लिखा न हो और पाठक उस में छिपे हास्य से गुदगुदा जाए।

चाचा चौधरी के दो एपिसोड का इंटर नैशनल म्यूजियम ऑफ कारटून आर्ट, फ्लोरिडा, अमरीका में प्रदर्शन हेतु फरवरी, 1997 में चयन किया गया। प्राण अन्तर्राष्ट्रीय स्तर पर भारतीय कारटूनिस्ट की पहचान पर बहुत प्रसन्न हुए थे।

कई बार वह हंस कर कहते थे कि लोग उन्हें कारटूनिस्ट न समझकर एक कारटून ही समझते हैं। उनकी कॉमिक्स बंगला, गुजराती, मराठी, पंजाबी तथा कन्नड़ आदि भाषाओं में भी प्रकाशित होती हैं।

प्राण के जीवन का मिशन था दूसरों को हंसाना और वह अपने लक्ष्य की प्राप्ति में सफल भी हुए। उन्हें दु:ख रहा कि अंग्रेजी समाचार पत्रों ने उनके कॉमिक्स की अहमियत को नजरअंदाज कर के विदेशी सिंडीकेटेड कारटून स्ट्रिप छापने में गर्व अनुभव किया।

डॉ॰ जॉन ए लेंट प्रोफेसर ऑफ जर्नलिज्म इन टैम्पलेटन यूनिवर्सिटी ऑफ फिलाडेलाफिया, यू.एस.ए. ने उन्हें लिखा था, प्राण का चाचा चौधरी कॉमिक्स जगत में एक महत्वपूर्ण योगदान है। इस की तुलना विश्व के महत्त्वपूर्ण कॉमिक्स से की जा सकती है। उनके आइडिया और हास्य के लिए प्राण बधाई के पात्र हैं।

1974 में हमारे परिवार में बेटी का जन्म हुआ। उसका नाम रखा गया 'शैली'- स्टाइल ऑफ कारटून्स। जब बेटा पैदा हुआ था तब प्राण के पत्रकार मित्र ने बधाई देते हुए कहा था, "यार, तेरे घर पॉकेट कारटून आ गया।" परिवार पूरा होने पर हम प्रसन्न थे। समान, लाड़-प्यार, लालन-पालन और शिक्षा-दीक्षा लेते हुए कब दोनों बड़े हो गए, पता ही नहीं चला। वह लड़की को लड़के के समान सिर्फ कहते नहीं थे, व्यवहार में मानते भी थे। बेटी के अभिभावक होने पर हमें गर्व था।

टाइम्स ऑफ इंडिया प्रकाशन समूह की एक बाल पत्रिका थी पराग। संपादक के आग्रह पर प्राण ने एक कॉमिक बनाई 'बिल्लू'। यह एक किशोर लड़का है। इसमें इन्होंने अपनी किशोरावस्था और बेटे निखिल की शरारतों को परोसा है। बिल्लू की आंखें उसकी बालों की स्टाइल में छिपा दी थीं। वह एक चुलबुल शैतान किशोर है। उसकी हर एक्टिविटी हंसा जाती है।

उसकी मित्र का नाम है, जोजी। जोजी कभी उसे छकाती है, कभी प्यार करती है। उनका हलका-फुलका प्यार हमें अपनी किशोरावस्था की याद ताजा करा देता है।

जोजी के साथ तफरी करने के लिए बिल्लू को काफी पापड़ बेलने पड़ते हैं। कभी तो वह बिना अनुमति के घूमने निकल जाते हैं, तो कभी उसके पापा कर्नल साहब का सामना हो जाता है। बिल्लू को उसके कड़क पिता बिलकुल पसंद नहीं हैं, पर क्या करे? कर्नल साहब कुछ अटपटे काम पूरे करने की शर्तें रख कर बिल्लू को जोजी के साथ घूमने की अनुमति दे देते हैं।

इस तरह वे पिकनिक पर निकल जाते हैं, तो कभी सिनेमा देखने। हर घटना या फिर दुर्घटना पाठकों का मंनोरंजन करती है। बिल्लू का एक दोस्त गब्दू है, जो शरीर से भारी है पर अक्ल से एकदम हलका। बिल्लू को उसका साथ अच्छा लगता है। कभी बोर होकर वह उसे टरकाना भी चाहता है, तो भी वह उससे चिपका रहता है।

इस सीरीज में बजरंगी पहलवान की अहम भूमिका है। बिल्लू जब उसे चकमा देता है तो पाठकों का आनन्द दोगुना हो जाता है। बजरंगी के मुगदल और लट्ठ से बिल्लू नहीं डरता। सिर पर बाल नदारद, धारी वाली लुंगी और टी शर्ट, हाथ में एक मोटा-सा लट्ठ ऐसा है बजरंगी पहलवान का हुलिया। उसका पूरा गैंग भी है, जो बिल्लू को छकाने में, सताने में खूब सहायता करते हैं। लेकिन बिल्लू अपनी चालों और हरकतों से उसे पटकनी दे देता है। प्रारंभ में पाठक समझ नहीं पाते कि कौन किस पर भारी रहेगा, पर अंत में जीत का सेहरा डियर बिल्लू के सिर पर ही फिट होता है। इसी उठा-पटक, भागम-भाग में खूब मंनोरंजन होता है- चहेतों का। उनके मुंह से अनायास निकल पड़ता है 'जियो, बिल्लू' 'वैल्डन फ्रेंड!'

बिल्लू की हौसला अफजाई करने के लिए उनके साथ होते हैं उसके जिगरी दोस्त और जोजी। पाठकों के कहने पर प्राण ने बिल्लू को एक किशोर के रूप में ला खड़ा किया था। माडर्न जींस, स्मार्ट-सी टी-शर्ट और लंबे बालों में देख कर किशोर वर्ग अपना ही रूप उसमें खोजने लगा है।

बिल्लू के मम्मी-पापा हर अभिवावक की भांति अपने किशोर बेटे की हरकतों पर नजर बनाए रखने वाले हैं। उन्हें यही चिंता सताती है कि कभी वह कोई ऐसा कांड न कर ले जिस से मुसीबत में फंस जाए। कभी-कभी पिंकी से भी उसकी मुठभेड़ हो जाती है- जो आम घरों की भाई-बहन नोंक-झोंक की सजीव झांकी का दृश्य सामने ला देती है।

चंडीगढ़ से प्रकाशित दैनिक ट्रिब्यून समाचारपत्र के साप्ताहिक संस्करण हेतु प्राण ने 'रमन' कॉमिक चरित्र का सृजन किया। वह अधेड़ आयु का सरकारी कर्मचारी है। सरकारी कार्यालयों का जीता-जागता दिग्दर्शन है, इस कॉमिक में। एक आदमी को क्या-क्या सहना पड़ता है। मंहगाई से त्रस्त रमन पत्नी की ढेरों फरमाइशों से भी दुखी रहता है। लेकिन उन से निपटारा करने में वह सफल हो जाता है- यही उठा-पटक हास्य पैदा कर के पाठकों को गुदगुदा जाती है।

रमन अपनी पत्नी कमली, जो भारी भरकम डीलडौल की है, से डरता

है। ऐसा प्राय: हर पति को भुगतना पड़ता है। कभी-कभी उसकी चाल कामयाब भी हो जाती है।

रमन का बॉस एक कड़क स्वभाव का है। उसकी वजह से कई बार वह दुखी नजर आता है। बॉस और रमन की ऊहापोह होती ही हास्य पैदा करने के लिए है। वहां तो यह हाल होता है- कभी गाड़ी नाव पर, कभी नाव गाड़ी पर।

रमन के दो मित्र हैं- मोगासिंह, जो सिख हैं और दूसरा शख्स मुसलिम है। मियां थोड़ी बड़ी उम्र के हैं- पर हैं दिलफेंक। यह सीरीज राष्ट्रीय एकता का संदेश भी देती है। दोस्ती में धर्म आड़े नहीं आता। रमन कॉमिक पंजाबी ट्रिब्यून में भी काफी समय तक प्रकाशित होती रही है। श्रीमतीजी और रमन कॉमिक्स अजीत पंजाबी में छप रहे हैं।

'रमन हम एक हैं' कॉमिक का विवेचन भूतपूर्व प्रधानमंत्री श्रीमती इंदिरा गांधी ने किया था। प्राण ने इसका विवरण अपनी निजी डायरी में किया है- उद्धृत है:

अक्टूबर, 1983 में मैंने प्रधानमंत्री इंदिरा गांधी को चिट्ठी लिखी। उनसे मेरी कॉमिक्स 'रमन हम एक हैं' का विमोचन करने का अनुरोध किया था। रमन सीरीज के मुख्य पात्र तीन हैं- एक हिंदू, दूसरा मुसलमान और तीसरा सिख। इस तरह यह एक धर्म निरपेक्ष कॉमिक्स है। नेहरू परिवार और धर्म निरपेक्षता एक दूसरे का पर्याय हो गए हैं। इस किताब का विमोचन करने के लिए इंदिराजी से ज्यादा उपयुक्त भला कौन हो सकता था?

जब मैं लैटर बाक्स में चिट्ठी छोड़ कर आया, तो मुझे उम्मीद कम थी कि देश की व्यस्त प्रधानमंत्री मुझे समय भी दे पाएंगी या नहीं। लेकिन एक हफ्ते बाद प्रधानमंत्री कार्यालय से फोन आया कि अगले हफ्ते श्रीमती गांधी ने समय देने की स्वीकृति दे दी है। मैं पशोपेश में पड़ गया, क्योंकि किताब अभी छप रही थी। मैंने उन्हें कृतज्ञता जाहिर करते हुए दूसरा पत्र लिखा, जिसमें लाचारी प्रकट की ज्योंही किताब छप कर तैयार हुई और 8 दिसंबर, 1983 को सुबह नौ बजे -1, सफदरजंग लेन, नई दिल्ली पर उसके विमोचन का वक्त तय हुआ। जो महानुभाव मेरे साथ प्रधानमंत्री निवास पर गए थे, उनमें प्रकाशक मित्र नरेन्द्र कुमार वर्मा जैसे मित्रों के अलावा पत्रकार कन्हैयालाल नन्दन तथा सांसद भगवान देव भी थे।

बड़े कमरे में एक बड़ी मेज के चारों तरफ कुर्सियां रखी थीं, जहां पर हमें बिठाया गया। हम कुल आठ-दस व्यक्ति थे। सब सोच रहे थे कि प्रधानमंत्री

'रमन हम एक है' पुस्तक का विमोचन करती भूतपूर्व प्रधानमंत्री श्रीमती इंदिरा गांधी

आएंगी, किताब का विमोचन करेंगी, फोटो खिंचेंगे और नमस्कार के बाद सब विदा ले लेंगे। इस सब में पांच मिनट से ज्यादा वक्त नहीं लगेगा।

तभी बाहर लॉन में हलचल हुई। किसी ने कहा मैडम आ रही हैं। वह चुस्ती से चलती हुई कमरे में दाखिल हुई। सब खड़े हो गए। मैडम ने एक बार तिरछी नजर से भगवान देव की तरफ देखा, ''आप कैसे?'' सांसद घबरा गए, "जी, मैं इनके साथ आया हूं।" सदस्य ने मेरी तरफ इशारा किया।

मैडम ने बैठते हुए किताब के ऊपर का रिबन खोला और किताब को उठा कर प्रदर्शित किया। सरकारी कैमरामैन तैयार नहीं खड़ा था। जब तक वह भाग कर सामने आया, प्रधानमंत्री ने किताब को नीचे रख कर उसे खोल कर देखना शुरू कर दिया। लेट-लतीफ कैमरामैन ने इसी स्थिति के दो फोटो ले लिए।

प्रधानमंत्री ने देश-विदेश की स्थिति पर बोलना शुरू किया। उस वक्त जरनैल सिंह भिंडरावाला अमृतसर के स्वर्ण मंदिर में छिप कर बैठा था और हिंदुओं को मारने के आदेश दे रहा था। उसके आदमी मुसाफिर बसों का अपहरण

कर लेते और उसमें से हिंदुओं को उतार कर गोलियों से भून देते थे। सरकार असहाय दर्शक मात्र थी।

प्रधानमंत्री ने कहा कि स्वर्ण मंदिर सिख कौम की भावनाओं से जुड़ा है। स्वर्ण मंदिर में आतंकवादियों ने हथियारों का बड़ा जखीरा जमा कर लिया है। अगर हम पुलिस कार्रवाई करते हैं तो दोनों तरफ से गोलियां चलेंगी और पांच-छह सौ आदमी मारे जाएंगे। इस खून-खराबे को रोकने के लिए सरकार बड़ा कदम न उठा कर बातचीत के जरिए समस्या का हल ढूंढ रही है।

तस्करी देश में बढ़ रही है। समुद्र के रास्ते से आने वाले गैर कानूनी माल को कोस्टल गार्ड्स पकड़ लेते हैं। लेकिन दूसरे दिन कोर्ट स्मगलर को जमानत पर छोड़ देता है। वह फिर से अपने धंधों पर आ जाता है। प्रधानमंत्री ने शिकायत की। वेस्टर्न पावर्स मिडल ईस्ट में अरब देशों में तनाव पैदा कर रही है। वह तरह-तरह से एशियाई देशों पर भी दवाब डालते हैं। हमने अभी तक देश में उनका हस्तक्षेप नहीं होने दिया।

नेपाल में हमारी कई योजनाएं बिजली और बांध उत्पादन की चल रही हैं। हम ने उस देश को आर्थिक सहायता भी दी है। सांस्कृतिक पहलू से भी वह देश भारत के करीब है। लेकिन जब कोई राजनीतिक सवाल खड़ा होता है, तो वह देश चीन की तरफ झुका हुआ नजर आता है।

प्रधानमंत्री लगातार बोल रही थीं। उनके बांई ओर बैठे मुझे वह एक आम महिला लग रही थीं। उन्होंने अपनी घड़ी पर नजर डाली और उठकर चलने को तैयार हो गई। वह हमारे साथ 45 मिनट रहीं। हम सब आश्चर्य और खुशी के भाव के साथ लौट रहे थे। हमने कभी सोचा नहीं था कि वह हमारे साथ इतने अहम मसले पर बात करेंगी।

कुछ दिन बाद मुझे दिनमान पत्रिका देखने को मिली। संपादक कन्हैयालाल नन्दन ने एक अग्रिम लेख की सुर्खी दी थी। 'प्रधानमंत्री के साथ अंतरंग बातचीत।' फिर मुझे एक सभा में जाने का मौका मिला। सांसद भगवान देव बोल रहे थे - प्रधानमंत्री के साथ उनके करीबी संबंध हैं। पास बैठे मेरी तरफ इशारा करके उन्होंने कहा कि मैं इनको श्रीमती इंदिरा गांधी के पास ले गया और इनकी कॉमिक 'रमन हम एक हैं' का बिक्री के लिए विमोचन करवाया। इस विडम्बना पर मैं मुस्करा कर रह गया- और क्या करता?

भारी-भरकम डीलडौल वाली चन्नी चाची अपने सींकिया पहलवान पतिदेव के लिए 'शी डिक्टेटर' है। वह अपने हाथ में सदैव बेलन थामे रखती है,

जो हंटर का काम करता है। श्रीमानजी क्या करें? दबे-डरे उनका हुक्म मानने को तैयार रहते हैं। उनकी हर हरकत पाठकों को खिलखिला जाती है। लगता है, यह तो हमारे-आपके घर की घटना है। चन्नी चाची कॉमिक स्ट्रिप लोकप्रिय रही है।

डायमंड पॉकेट बुक्स की महिला पत्रिका गृहलक्ष्मी के पाठकों को प्राण का तोहफा मिला- 'सोनी संपत' 35-40 वर्ष के इस दंपति की अपनी समस्याएं, दुविधाएं और परेशानियां हैं। वे उनसे आए दिन जूझते रहते हैं- कभी पड़ोसियों से, कभी मंहगाई से, कभी नौकरानी से। इस उठा-पटक का मजा पाठक खूब लेते हैं और तो और सोनी भी संपत को खूब छकाती है, पर मौका मिलते ही संपत भी कब पीछे रहता है।

इंडियाना (अमरीका) निवासी गारफील्ड कॉमिक्स के रचयिता जिम डेविस ने प्राण को लिखा था- तुम्हारी ड्राइंग जानदार है। मैं तुम्हारी कॉमिक्स की कहानियां भी रुचि से पढ़ता हूं। अब पता चला है कि तुम पिछले अनेक वर्षों से क्यों लोकप्रिय हो।

प्राण के चरित्रों की लोकप्रियता का रहस्य है कि वे सीधे-सरल हास्य द्वारा पाठकों को भीतर तक गुदगुदा देते हैं।

उनके 600 से ज्यादा टाइटल बाजार में बिक रहे हैं और दर्जनों स्ट्रिप्स न्यूज पेपर्स में छप रहे हैं। चाचा चौधरी पर आधारित एक टी.वी. सीरियल के लगातार 600 एपिसोड तक एक चैनल पर दिखाए गए।

मारिस हार्न वर्ल्ड एन्साइक्लोपीडिया ऑफ कॉमिक्स के संपादक ने कारटूनिस्ट प्राण को 'वाल्ट डिज्ने आर्फ इंडिया' कहा है।

वह कहते थे- कभी-कभी हमारे कॉमिक पात्र इतने प्रसिद्ध हो जाते हैं कि उन्हें बनाने वाले कारटूनिस्ट की अपनी पहचान उन्हीं की मार्फत होती है। अच्छा भी लगता है- संतुष्टि भी होती है, जिसे जन्म दिया, पालापोसा, नाम किया- ये पात्र बच्चों की भांति अजीज, दिल के टुकड़े, नायाब होते हैं। कारटूनिस्ट उन्हें अपनी अमूल्य निधि समझते हैं। वे अपने बच्चों के लिए अपार संपत्ति न छोड़ कर जा पाएं पर कभी न मिटने वाली संपदा तो सौंप कर जा सकते हैं। इस बौद्धिक सृजन पर आगे आने वाली पीढ़ियों को भी गर्व होता है।

पुरस्कार

पुरस्कार मिलने से व्यक्ति की हौसला अफजाई होती है, गर्वोन्नत होने के साथ वह अपनी लगन और परिश्रम पर आश्वस्त हो कर विश्वास करने लगता है। पुरस्कार जिम्मेदारी की गंभीरता को और बढ़ा देता है। इसकी अहमियत तभी होती है, जब सही वक्त पर मिले। वरना बेमायने हैं यह सब। सृजनकर्त्ता बहुत लगन से अपने कार्य में लगा रहता है, यह कोई भी क्षेत्र हो सकता है, अगर उसे पहचान मिल जाती है, तो उसका क्षणिक जीवन सफल हो जाता है। वह स्वयं को धन्य मानता है। इतना ही नहीं, उसके नाते, रिश्तेदार, परिचित, मित्र गर्व से फूले नहीं समाते। जिसे पुरस्कार प्राप्त होता है, उसका उत्तरदायित्व दो गुना हो जाता है। अपनी पहचान बरकरार रखने हेतु उसे दत्तचित्त रहना पड़ता है, बल्कि रहना चाहिए।

सिफारिश या चाटुकारिता से मिला अवार्ड निरर्थक है। यह सम्मान और सच्ची पहचान नहीं दिला सकता। प्राण पुरस्कार से अधिक काम को महत्त्व देते थे। उनका कहना था, सच्चा, मौलिक काम बिना किसी प्रयास के बोलता है। यह स्थायी रूप से सब के दिल-दिमाग में राज करता है। फिर वह संगीत हो, कला हो, नृत्य हो, लेखन हो, समाजसेवा या कोई और क्षेत्र। देर से मिलने पर, व्यक्ति उमर के आखिरी पड़ाव पर उसका आनन्द अनुभव करने लायक भी नहीं रहता। उसे बाइज्जत लौटा देना चाहिए।

वह प्राय: अंतर्राष्ट्रीय प्रसिद्ध कलाकार वैनकाग को याद करते थे। वह इतना निर्धन था कि अपनी बीमारी का इलाज न करवा पाया। आज एम्स्टर्डम में उसकी पेटिंग्स का एक बहुत सुंदर म्यूजियम है, वहां सैंकड़ों की संख्या में देश-विदेश से पर्यटक आते हैं। अगर यही आमदनी पहले होती, तो शायद वह इतनी जल्दी दुनिया को अलविदा न कहता।

प्राण को ठिठोली पुरस्कार से नवाजा गया। ठिठोली वर्ष में एक बार हास्य के क्षेत्र में होली के अवसर पर प्रदान किया जाता है। प्राण के साथ हुल्लड़ मुरादाबादी और बरसाने लाल चतुर्वेदी हास्य कवियों को तत्कालीन सूचना एवं प्रसारण मंत्री श्री वसंत साठे ने सम्मानित किया।

ठिठोली पुरस्कार का सम्मान

लिम्का बुक ऑफ रिकार्डस ने 1995 में प्राण के हास्य (कॉमिक्स) क्षेत्र में योगदान के लिए उन्हें 'पीपुल्स ऑफ द ईयर' चुना। सूचना प्रसारण सचिन भास्कर घोष ने पुरस्कार में शाल और शील्ड भेंट की थी। इनके साथ टेनिस खिलाड़ी लिएंडर पेस, माउंट एवरेस्ट पर चढ़ने वाली पहली भारतीय महिला बछेन्द्री पाल और सुलभ शौचालय बनाने वाले विदेंश्वरी पाठक को भी 'पीपुल्स ऑफ द ईयर' दिया गया।

लिम्का बुक ऑफ रिकार्डस का पुरस्कार प्राप्त करते हुए प्राण

बंगलुरू में 'इंडियन कारटूनिस्ट एसोसिएशन' है। उन्होंने प्राण को लाइफ टाइम एचीवमेंट अवार्ड से नवाजा था। पुरस्कार वितरण तत्कालीन कर्नाटक के मुख्य मंत्री श्री एस.एम. कृष्णा ने किया।

कर्नाटक के भूतपूर्व मुख्यमंत्री से प्राण लाइफ टाइम एचीवमेंट अवार्ड

भूतपूर्व प्रधानमंत्री श्री अटल बिहरी बाजपेयी के साथ

कॉमिक्स कोन ने उन्हें कॉमिक्स के क्षेत्र में नायाब योगदान हेतु सम्मानित किया। भारतीय कॉमिक्स जगत में इस पहल की प्राण ने तहेदिल से प्रशंसा की।

2015 में उन्हें भारत के सर्वोच्च नागरिक 'पद्मम श्री' से (मरणोपरांत) सम्मानित किया गया। भारत के कॉमिक्स जगत को उन्होंने 'चाचा चौधरी', बिल्लू, पिंकी, रमन, श्रीमतीजी, चन्नी चाची, सोनी संपत जैसे अनेक भारतीय कॉमिक्स पात्र दिए।

प्रदर्शनी

अक्सर बच्चे उन्हें पत्र लिखते थे कि कॉमिक छपने से पहले कैसी दिखती है, मूलरूप से उसकी ड्राइंग कैसी लगती है? उन्हें उत्सुकता रहती थी। कई बार वे उन्हें ड्राइंग करते हुए देखने के लिए उनके स्टूडियो में भी आ जाते थे। कुछ पाठक जानना चाहते थे कि वह किस ब्रश, पेपर और स्याही का प्रयोग करते हैं। प्राण समय-समय पर उनके प्रश्नों का उत्तर लिख कर भेजते थे।

एक दिन अचानक उन्हें ख्याल आया कि क्यों ना वह अपनी कॉमिक्स की मूल ड्राइंग की प्रदर्शनी लगा कर अपने पाठकों को प्रसन्न कर दें। प्रश्न कौंधते ही हलचल प्रारम्भ हो गई। सर्वप्रथम नई दिल्ली स्थित एफैक्स आर्ट गैलरी का स्थान सुनिश्चित किया गया। प्रदर्शनी के लिए तीन मूल ड्राइंग के फ्रेम बनवाए गए। यह अपने आप में अनूठी और सर्वप्रथम लगने वाली प्रदर्शनी रही। सन 1990, में इसका उद्‌घाटन तत्कालीन सूचना व प्रसारण मंत्री श्री पी. उपेंद्र ने किया। बच्चे, बड़े सबने इसका खूब आनन्द लिया। पत्रकारिता जगत ने भी इसमें रुचि ली। बच्चों से मिलने के लिए प्राण प्रदर्शनी स्थल पर उपस्थित रहते थे।

प्राण के कॉमिक्स की मूल ड्राइंग की प्रदर्शनी में मुख्य अतिथि भूतपूर्व दिल्ली के मुख्य मंत्री मदनलाल खुराना

प्राण की प्रदर्शनी के मुख्य अतिथि सूचना प्रसारण मंत्री पी. उपेन्द्र

इससे उत्साहित होकर प्राण ने एक बार फिर से ऐसी ही प्रदर्शनी एफैक्स आर्ट गैलरी में लगाई। इस बार दिल्ली के तत्कालीन मुख्यमंत्री श्री मदनलाल खुराना मुख्य अतिथि थे।

इस बार भी बच्चों का, बड़ों का हजूम उमड़ पड़ा था। बाल पाठकों के चेहरों से उत्सुकता भरी प्रसन्नता स्पष्ट झलक रही थी। वे अपने प्राण अंकल से मिलकर फूले नहीं समा रहे थे। यह प्रदर्शनी बिक्री हेतु नहीं थी, फिर भी बच्चों को चाचा चौधरी, बिल्लू, पिंकी की कॉमिक बांटी गई थीं। उन्हें पा कर वे बेहद खुश नजर आ रहे थे।

हम ने देखा, जितने बच्चे प्रसन्न और उत्सुक थे, उतने प्राण भी गद्गद् थे। बिना थकान महसूस किए हुए वह हॉल में पूरा दिन उपस्थित रहते थे। उस वक्त सैल्फी और मोबाइल का जमाना तो नहीं था, पर फैंस कैमरे ले कर आते थे। उसमें प्राण के साथ फोटो खींचने की मानो होड़-सी लग गई थी। कॉमिक्स पर उनके आटोग्राफ लेने भला वे क्यों भूलते?

सीरियलः सजीव पात्र

चाचा चौधरी पर सजीव पात्रों को लेकर सीरियल बनाया गया। यह 'सहारा' चैनल पर एक लंबे समय तक प्रसारित होता रहा। चाचा चौधरी की भूमिका प्रसिद्ध अभिनेता रघुवीर यादव ने निभाई थी। इसने अपनी 500 से अधिक एपिसोड पूरी कीं। यह आलम था कि शाम को पार्क में खेलते हुए बच्चे अपना खेल बीच में छोड़ कर चाचा चौधरी सीरियल देखने घर पर पहुंच जाते थे। इसके प्रसारण का समय शाम सात बजे होता था।

चाचा चौधरी, साबू, बीनी और रॉकेट (कुत्ता) के नाम बच्चों की जुबान पर जुमलों की तरह प्रयोग किए जाने लगे थे। अगर बुद्धितीक्ष्ण है, तो बच्चे यह कहते देर नहीं करते थे कि 'उसका दिमाग चाचा चौधरी की भांति कंप्यूटर से तेज चलता है।' हृष्ठ-पुष्ट व्यक्ति साबू की तरह दिखने में भला क्यों गुरेज करने लगा। तेज तर्रार मां, मौसी, दादी या फिर बुआ बीनी की याद ताजा कर देती हैं। बेचारा रॉकेट हर ईमानदार और करामाती कुत्ते में झलकने लगा।

हर पत्नी की आदतें 'श्रीमतीजी', चुलबुल लड़की 'पिंकी', तो किशोर 'बिल्लू' के रूप में पहचाना जाने लगा। इसलिए प्राण हंस कर अपने मित्रों से कहते थे, 'यार, मैं तो अपनी हैसियत इन कॉमिक चरित्रों के बीच में छिपाए बैठा हूं। मुझे इनके कारण पहचानते हैं।'

किसी को गुस्से में उबलता देख कर 'साबू को जब गुस्सा आता है, तो कहीं ज्वालामुखी फटता है।' याद आ जाती है। ऐसे शब्द प्रायः आम आदमी की जुबान पर रच बस गए हैं। इसी से इसकी लोकप्रियता का आभास होता है। यहां तक कि कई फिल्मों में भी इन जुमलों का मुख्य अभिनेताओं द्वारा प्रयोग किया गया। जब प्राण को इसकी जानकारी प्राप्त होती थी, तो वह खुशी-खुशी उस फिल्म को देखने जाते थे। डायलॉग बोला जाता था और साथ में बैठी मैं

उनके चेहरे की रौनक को महसूस कर पाती थी। कितने संतुष्ट होते थे वह, यह मैं बयां नहीं कर पाऊंगी।

कई बार क्विज के कार्यक्रम में चाचा चौधरी, साबू या बीनी पर आधारित प्रश्न पूछे जाते रहे हैं। यह सब सुनकर वह सजल नेत्रों और भरे गले से प्रायः दोहराते थे- 'चलो, ज्यादा नहीं, थोड़ी बहुत पहचान तो मैं अपनी बना ही पाया हूं।' एक कलाकार, बुद्धिजीवी को इससे अधिक और क्या चाहिए? उत्तर है- कुछ नहीं।

लगभग चालीस वर्ष पूर्व प्राण की कॉमिक्स- चाचा चौधरी, बिल्लू, पिंकी, श्रीमतीजी और रमन को एक प्रकाशक द्वारा पुस्तकबद्ध किया गया। इनका प्रकाशन विभिन्न प्रांतीय भाषाओं में भी हुआ। जब हमारे भारत वर्ष के राष्ट्रपति श्री प्रणव मुखर्जी ने अपने पद की शपथ ली, तब एक पत्रकार को साक्षात्कार देने के दौरान, बताया कि बचपन में उन्होंने बंगला भाषा में प्राण की चाचा चौधरी कॉमिक्स पढ़ी है।

सपना: विदेश का

सपने हर शख्स देखता है, देखने भी चाहिएं। कुछ लोगों का विचार है कि वे सपने देखो, जो पूरे हो सकें। ऐसा होना संभव नहीं होता। अगर हम भविष्य के सपने नहीं संजोएंगे, तो जिंदगी रेगिस्तान की तरह नीरस हो जाएगी। हां, अपनी सीमा मर्यादा को मन में रखना चाहिए, फिर निराशा हाथ नहीं लगती। सपने पूरे होने के लिए प्रयासरत होना पड़ेगा, होना भी चाहिए।

ऐसा ही था प्राण का बाल मन, फिर किशोरमन और युवामन- जिसमें विदेश जाने का सुखद, काल्पनिक स्वप्न हिलोरे ले रहा था। प्रारंभ में जीवन की उठा-पटक में वक्त गुजर गया। उत्तरदायित्व से तनिक-सा निजात पाने पर सब से पहले अपने जन्म स्थान कसूर (लाहौर), जो अब पाकिस्तान में है, जाने का मन बनाया। वह बचपन से अपने परिवार के सदस्यों, नाते रिश्तदारों की जुबानी कसूर की कहानियां सुनते रहते थे। फिर अपनी बचपन की धुंधली स्मृतियों से तार जोड़ते रहते थे। बड़े भाई-बहनें वहां की बातें तो बहुत बताती थीं, पर किसी ने वहां जाने की इच्छा प्रकट नहीं की। ऐसे ही वक्त गुजरता चला गया।

जन्म स्थान: पाकिस्तान

1998 में प्राण ने सोच लिया कि वह कसूर (पाकिस्तान) अवश्य जाएंगे। बस तैयारियां प्रारंभ हो गईं। पाकिस्तान का वीजा मिलना टेढ़ी खीर थी। सब से पहले उन्होंने अपने मित्र मिस्टर, मिसेज बांगा को अपने साथ चलने के लिए तैयार किया। वे दोनों बन्नू के थे। अगर कोई पाकिस्तानी शख्सियत स्पांसर कर दे तो वीजा मिलना आसान हो जाएगा। अचानक प्राण की नजर एक खबर पर पड़ी, जिसमें जिक्र था कि तत्कालीन पाकिस्तान विदेश मंत्री श्री खुरशीद महमूद

प्राण, कसूर (लाहौर) अपने पैतृक घर में

प्राण का कसूर स्थित प्राइमरी स्कूल

कसूरी दिल्ली आए हुए हैं। वह अपनी पत्नी के साथ दिल्ली के ताज पैलेस होटल में ठहरे हैं।

प्राण फोन पर समय निश्चित कर उसी शाम ताज पैलेस पांच सितारा होटल में पहुंच गए। उन के 'कसूरी' नाम से आभास हो रहा था कि कसूर

प्राण लाहौर में भूतपूर्व पाकिस्तान विदेश मंत्री श्री खुरशीद कसूरी के साथ

शहर से अवश्य संबंध होगा। उनका आभास सही निकला, पता चला कि खुरशीद का चुनाव क्षेत्र कसूर ही है। वह बहुत ही दरियादिली से मिले। प्राण की अपने जन्मस्थान को देखने की हार्दिक इच्छा को भांपते हुए उन्होंने उन्हें स्पांसर करने की बात भी कही। कुछ समय बाद मि० कसूरी का स्पांसर करने हेतु पत्र प्राण को मिला। इसके आधार पर उन्हें और उनके मित्र दंपत्ति को पाकिस्तान का वीजा बिना किसी परेशानी के मिल गया। तीनों पाकिस्तान (लाहौर) की हवाई यात्रा कर के लाहौर पहुंच गए। दूसरे दिन एक नेताजी उन्हें कार द्वारा कसूर ले गए। यह प्रबंध श्री कसूरी द्वारा किया गया था।

कार में बैठे-बैठे, दोनों तरफ के लहलहाते खेतों ने प्राण के मन पंछी को अतीत में पहुंचा दिया। उन्हें लगा, वह अपने परिवार के सदस्यों के साथ बचपन की ट्रिप पर जा रहे हैं। यकीन नहीं हो रहा था उनका काफिला कसूर की ओर दौड़ा जा रहा है। सब से पहले कार उनके प्राइमरी स्कूल के गेट पर रुकी। यह क्या! प्रधानाध्यापक अपने सहकर्मियों के साथ अपने स्कूल के छात्र से, जो भारत से आया है, पूरे पचास वर्ष के पश्चात स्वागत के लिए खड़े हैं। प्राण भीगी पलकों से इमारत के दफ्तर में दाखिल हुए। पुरानी इमारत के आगे नया भाग भी बन गया था। जलपान के पश्चात, वह स्कूल की पुरानी इमारत में गए। विशेष रूप से चित्रकला की कक्षा में। उन्हें याद था कि उनके ड्राइंग के अध्यापक के दाएं हाथ का अंगूठा कटा हुआ था। ऐसा किसी दुर्घटनावश हुआ होगा। फिर भी वह एक उम्दा चित्रकार थे। बिना अंगूठे के सहारे चित्र बनाना एक कठिन कार्य है। प्राण ने हैडमास्टर को एक लिफाफा देते हुए कहा, ड्राइंग में अव्वल आने वाले छात्र को मेरी तरफ से छोटा-सा इनाम। और वह भरे गले, अपनत्व से गद्‌गद् हो कर अपने पुश्तैनी मकान की तरफ चल पड़े। स्कूल के अध्यापक और पाकिस्तानी पार्षद उनके साथ, घर तक गए।

मकान के सामने जा कर उन्हें विश्वास नहीं हो रहा था कि यह वही स्थान है, जहां बचपन बीता था। छोटे शहरों में लोग बहुत जल्दी एकत्र हो जाते हैं। वहां एक अच्छा-खासा काफिला ही नजर आ रहा था। मकान वैसा का वैसा था, बस उसके दो हिस्से हो गए थे। पुरुष काम पर गए हुए थे, महिलाएं डर गई, अपरिचित को अपने घर में प्रवेश कैसे करने देतीं, वह भी एक भारतीय को। उन्हें लगा, यह अवश्य अपने पैतृक मकान पर कब्जा करने आए होंगे। वहां के स्थानीय नेता द्वारा समझाने पर प्रवेश करने दिया।

मकान में पैर रखते ही प्राण बहुत भावुक हो उठे। कमरों में दाखिल होते हुए जब वह रसोईघर में पहुंचे, तो उन्हें अपनी मां की याद आई। कैसे वे सात बहन-भाई जमीन पर बोरी बिछा कर चूल्हे के सामने बैठ कर खाना खाते थे। रोटी सेंकने वाली एक मां और खाने वाले पूरे सात बच्चे। पहली रोटी सिंकने की जिस बेसब्री से प्रतीक्षा की जाती थी कि मत पूछो। उसके बंटवारे पर अच्छी-खासी महाभारत छिड़ जाती थी। उसके चार टुकड़े कर के हम चारों में बांटती थी। वह अक्सर कहते थे-उस रोटी के टुकड़े का जो स्वाद आता है, वह बड़े से बड़े रेस्तरां में कहां? उन्हें मां की आवाज सुनाई देने लगी, 'काके, आ जा, रोटी तैयार है।'

दूसरे कमरे में जा कर वह एक अलमारी के पास जा कर रुक गए- याद आया, इस में वह अपनी पुस्तकें रखते थे। उसका रुपरंग पहले जैसा था। बस दरवाजों का रंग पहले नीला पेंट था, अब हरा हो गया था। प्राण कुछ तोहफे ले कर गए थे। उन्हें भारत की सौगात दे कर, वह वहां से रुखसत हो गए।

इस के बाद लाहौर, इस्लामाबाद, बन्नू देखा। तक्षशिला भी घूमा। इस्लामाबाद घूम कर जब वह अपने मित्र मिस्टर और मिसेज बांगा के साथ लौटकर होटल पहुंचे। डाइनिंग हॉल में बैठे ही थे कि एक शख्स ढूंढता हुआ उनकी मेज के पास आ कर खड़ा हो गया। वह टैक्सी ड्राइवर था, जिससे वे कुछ घंटे पहले ही अपने होटल तक पहुंचे थे। ये लोग सोचने लगे, 'जरुर यह आदमी हमसे कुछ और रकम वसूलने यहां आया होगा।'

टैक्सी ड्राइवर ने एक हजार का नोट लौटाते हुए कहा, "जनाब, आपने एक नोट मुझे ज्यादा दे दिया था। अपने टैक्सी स्टैंड पर पहुंच कर जब मैंने पैसे गिने, तो एक नोट ज्यादा था। मैं 25 किलोमीटर से आपकी रकम वापस करने आया हूं।" हमें उसने नोट लौटा दिया।

इन्होंने उसे इनाम देना चाहा, पर वह 'शुक्रिया' कह कर लौट गया। ये लोग हक्के-बक्के रह गए। ईमानदारी की ऐसी मिसाल कब और किसे देखने को मिलती है।

इस तरह एक भावुकता, सहृदयता से भरी यात्रा की यादें समेटे प्राण अपने वतन लौट आए। उन्होंने यहां आ कर अपने घर के बारे में डायरी में लिखा है, उद्धत है:

15-8-1990 कसूर जहां मैं पैदा हुआ था, वह एक तहसील थी। इसका जिला लाहौर था। हमारा परिवार कसूर में कैसे आया? कसूर के पुराने इलाके जिसे बड़ा कोट कहते थे, वहां हमारा पैतृक मकान या हवेली थी, जो शायद मेरे दादाजी श्री देवकीनाथ ने बनवाई थी। मां ने बताया था कि मेरे पिताजी श्री जगन्नाथ ने रिटायर होने के बाद कसूर के नए इलाके कोट रामगढ़ में प्लाट लिया और एक मंजिल का मकान बनवाया। हम सब बहन-भाई जो कुल मिलाकर सात थे, अपने माता-पिता के साथ इसी मकान में रहते थे।

हमारा घर गली में तीसरा था। इस गली में चार परिवार सिखों के थे बाकी सब हिंदुओं के। हमारे मकान के चार कमरे, बीचोंबीच दालान और आखिर में खुली रसोई थी। आगे का बायां कमरा बैठक या ड्राइंग रूम था। इसे तस्वीरों

और फर्नीचर से सजाया गया था। तस्वीरों में एक पेंटिंग जिस में श्री कृष्ण को सोते हुए दिखाया गया था और उसके सिरहाने की तरफ दुर्योधन और पैरों की ओर अर्जुन बैठा था। यह मेरे सबसे बड़े भाई कंवरनाथ ने बनाई थी। जब मेरे पिता जयपुर में नियुक्त थे तब भाई कंवरनाथ ने वहां कला इंस्टिट्यूट में चित्रकला सीखी थी।

कसूर के घर की गली : प्राण द्वारा चित्रित

हमारे मकान की छत कच्ची थी उसे मिट्टी और गोबर से लीपते थे। कई बार यहां छोटा गड्ढा कर के मैं उस में गोलियां खेला करता था। हमारे घर में बिजली नहीं थी। पाकिस्तान बनने के कुछ दिन पहले ही हमारे घर में बिजली लगी थी। हम बहुत खुश हुए थे।

गर्मियों में हम छत पर सोते थे। कई बार शाम को ही बिस्तर लेकर मेरी बहनें छत पर पहुंच जाती थीं। चारपाइयों पर लेट कर वे आसमान में बादलों के टुकड़ों को शक्लों से मिलाती थीं। बादल का कोई टुकड़ा रुई जैसी दाढ़ी और सिर के लंबे बालों वाला बूढ़ा बाबा, तो कोई टुकड़ा सफेद बैल जैसा लगता था।

कसूर, लाहौर, इस्लामाबाद, तक्षशिला और बन्नू घूमते हुए जनाब भारत लौट आए। अपने स्थानीय मित्रों के लिए वह लाहौर से पाकिस्तानी शलवार-कमीज और कसूर से 'कसूरी मेथी' तथा 'कसूरी जूतियां' सौगात के रूप में लेकर आए, जो उन्हें खूब भाई।

वहां से लौट कर प्राण ने भारत के कई राष्ट्रीय समाचारपत्रों में अपने अनुभव, संस्मरण प्रकाशित किए। उसे पढ़ कर अनेक ऐसे पाठकों के पत्र आए, जो कसूर छोड़ कर विभाजन के समय भारत आ कर बस गए थे। कुछ ने तो यहां तक लिखा, 'प्राण, तुम अपने जन्म स्थान जाकर आए हो, यह किसी भी तीर्थस्थान की यात्रा से कम महत्त्वपूर्ण नहीं है। वीजा न मिल पाने के कारण, वहां जाना एक स्वप्न से कम नहीं है।

लाहौरी नमक के पहाड़ देख कर उन के आश्चर्य का ठिकाना न रहा। इस तरह भावपूर्ण, कभी न भूलने वाली यादें लेकर उनका सफर पूरा हुआ।

विश्व भ्रमण

वह बताते थे कि बचपन में छत पर चारपाई पर लेटे-लेटे रात में आसमान में छितरे तारे और चमकते चांद को देखकर दूसरी दुनिया के बारे में सोचा करता था। इसके अतिरिक्त भारत वर्ष से दूसरे देश किस प्रकार भिन्न होंगे, उनका रहन-सहन खान-पान अलग होगा, आदि प्रश्न उन्हें झिंझोड़ते रहते थे। उम्र के इस पड़ाव पर जब बच्चे बड़े हो गए थे, उन्हें विदेश यात्रा करने के लिए उपयुक्त समय लगा। लोग तीर्थ यात्रा पर निकल पड़ते हैं और प्राण का मन विश्व भर के कारटूनिस्टों से मिलने को मचल उठा। वैसे भी समान विचार वाले व्यक्ति से मिलने का लुत्फ कुछ और ही होता है।

बार्सीलोना

पीनट्स के जनक कारटूनिस्ट की पत्नी जीन शैल्ज

बार्सीलोना

गुआंग-चीन

बस फिर क्या था! इंटरनेट जिंदाबाद! वह हर रोज सुबह घूम कर लौटने के बाद इंटरनेट खोल कर बैठ जाते थे। विभिन्न देशों के कारटूनिस्टों का नाम-पता मिलने पर उन्हें ई-मेल करने लगे। उत्तर आने पर उत्साह बढ़ा और धीरे-धीरे एक-एक देश की यात्रा का कार्यक्रम तय होता रहा। इससे साफ जाहिर था कि वे लोग भी भारतीय कारटूनिस्ट से मिलना चाहते थे, उनके मन में भारतीय कॉमिक्स के प्रति रुझान कम नहीं था।

पौलैंड

रूस

कारटूनिस्ट माउंट वाकर के साथ

रूस में

कारटूनिस्ट सरजिओ एरोगोंस - मैड

रालेफ स्टीनमैन के साथ शिकागो

सबसे पहले थाईलैंड जाने का निश्चय हुआ। पाकिस्तान तो मित्र के साथ गए थे, यहां अकेले जाना था। बच्चे उन्हें 'डू, डोंट्स' की हिदायतें देने लगे।

मैं मन ही मन हंस रही थी कि कल 'अ' से 'अनार' सीखने वाले बच्चे आज इतने बड़े हो गए हैं कि वे हमें नादान समझ कर अक्ल देने लगते हैं। यही जीवन है! पहले हम बच्चों का सहारा होते हैं और बाद में वे हम बड़ों का।

बैंकॉक की यात्रा अच्छी रही। वह वहां किसी कारटूनिस्ट से नहीं मिले, शॉपिंग जम कर की। पुरुषों का कार्यक्षेत्र घर था और महिलाएं दुकानों पर व्यापार संभालती नजर आईं। पैसों की लेन-देन की समस्या कैलकुलेटर से सुलझ जाती थी।

2004 में प्राण ने लंदन, पेरिस, बेल्जियम, एमस्टरडम और फ्रैंकफर्ट की यात्रा की। लंदन के कारटूनिस्ट एसोसिएशन में उन्हें वहां के कई कारटूनिस्टों से गुफ्तगू करने का अवसर मिला। पेरिस ने एक कलाकार के मन को खूब मोहित किया। वहां की कलात्मक इमारतें देखते ही बनती हैं। पूरा शहर बेहद खूबसूरत लगा। भाषा की बहुत दिक्कत नहीं महसूस हुई। एमस्टरडम का तो कहना ही क्या! जैसा सुन रखा था वैसा ही पाया। फ्रैंकफर्ट एकदम अलग और प्यारा नजर आया।

2005 में साउथ कोरिया से एक पत्र आया जिसमें प्राण भारतीय कारटूनिस्ट के रुप में आमंत्रित थे। वहां पर इंटरनैशनल कांफ्रेंस ऑफ कॉमिक्स का आयोजन सिओल में होना था। यह कार्यक्रम तीन दिन का था। सिओल एक कम्यूनिस्ट शहर की जीती जागती तसवीर लगा। एक जैसे दिखने वाले फ्लैट्स एक रंग, एक रूप की कहानी कह रहे थे। वहां लोग कोरियाई या चीनी भाषा बोलते हैं, मानो उन्होंने प्रण कर रखा है कि वे अपनी भाषा में बात करेंगे। कोई समझे या न समझे, इस से उन्हें कोई सरोकार नहीं। विभिन्न देशों से आए कारटूनिस्टों को भाषा की समस्या से रूबरू होना पड़ रहा था। आयोजकों ने प्रत्येक कारटूनिस्ट को एक-एक दुभाषिया दिया हुआ था। वह होटल में सुबह आठ बजे आ जाता था और रात आठ बजे तक साथ रहता था।

ये लोग चीनी थे, जिन्होंने कोरियाई और अंग्रेजी भाषा पर अपनी पकड़ बना ली थी। खरीदारी में इनका पूरा सहयोग रहा। दुकानों पर कोई होर्डिंग अंग्रेजी में नहीं था। एक दूसरे की भाषा न समझते हुए भी, चेहरों व आंखों की भाषा ने खूब रंग जमाया और हंसते-खेलते कब तीन दिन बीत गए, मालूम न पड़ा।

कुछ कारटूनिस्ट एक समूह बना कर एक रेस्तरां में भी गए। प्राण ने बताया कि हम चार थे- कोई ब्राजील, कोई स्वीडन, कोई अमरीका का और मैं भारतीय। गप्पें मारते हुए एक ने कहा, मैं अपनी दूसरी पत्नी से तलाक लेने जा रहा हूं, दूसरे ने कहा कि उसकी तीसरी शादी होने वाली है, तीसरे ने कहा वह लिव इन टुगेदर रिश्ते में रह रहा है। जब उन्हें ज्ञात हुआ कि मैं पिछले चालीस बर्षो से एक इकलौती पत्नी के साथ विवाहित जीवन बिता रहा हूं, तो वह मुझ निरीह प्राणी को आश्चर्यभरी निगाहों से देखने लगे।

2006 में शिकागो में 'एबुएल कन्वेंशन ऑफ एन. सी. एस. का आयोजन हुआ। प्राण को आमंत्रित किया गया। वहां विश्व के कई सुप्रसिद्ध कारटूनिस्ट

भी बुलाए गए थे। यह सेमीनार दो दिन चला। यहां का अनुभव भी अनूठा रहा। मोर्ट वाकर, सर्जीओ अरागोन से मिलना हुआ। विभिन्न देश, विभिन्न विचारों का आदान-प्रदान होने का आनन्द ही कुछ और होता है, उसे बयां करना कठिन है। इसके बाद वह न्यूयार्क घूमे और वहां कारटूनिस्ट मारिस हार्न से मुलाकात की।

2007 में वियाना, स्विटजरलैंड, इटली और रोम का भ्रमण किया। वियाना एक मनमोहक शहर रहा। स्विटजरलैंड एक सुंदर शहर तो है ही, गांव भी अपने आप में खूबसूरत तो है ही, नीला आसमान, सफेद बर्फ की तहें और नीचे हरी-हरी घास से भरे मैदान किसे नहीं लुभाएंगे?

इटली के वेनिस का क्या कहना! बिना यातायात वाला शहर, छोटी-छोटी गलियां, कूचे और वहां रहते लोग। पैदल चलना उनकी मजबूरी है। एक जगह से दूसरी जगह पार करने के लिए बने हुए छोटे-छोटे पुल हैं। सोच कर, फिर देख कर आश्चर्य होता है नदी के दोनों ओर बसे शहर को देख कर। वहां के एक कारटूनिस्ट प्राण को अपने घर ले गए। वह अंग्रेजी नहीं जानते थे और प्राण को इटैलियन नहीं आती थी। भाषा एक समस्या थी। पर उनके लड़के को टूटी-फूटी अंग्रेजी आती थी।

सब घर पहुंचे। कंप्यूटर बहुत काम आया। दोनों जो कुछ एक दूसरे से कहना चाहते थे, उसका अनुवाद कंप्यूटर में हो जाता था। इसके बाद कमरे में ठहाका गूंजता था और इस तरह भावों व विचारों का आदान-प्रदान चलता रहा।

अब बारी थी रोम की। एक से एक उम्दा कलात्मक इमारतें देखते ही बनती थीं। पर कई स्थानों पर गंदगी नजर आई। वहां अलग सभ्यता, अलग संस्कृति का बोलबाला नजर आया।

2007 में चीन के गुआंग शहर में विश्व कॉमिक्स पर सेमीनार का आयोजन हुआ। प्राण को निमंत्रण मिला। उन्हें भारतीय कॉमिक्स पर व्याख्यान भी देना था। व्याख्यान अंग्रेजी में दिया गया। उन्होंने बताया कि जिन दर्शकों को अंग्रेजी समझ आती थी, वे चुटकलों पर जोर का ठहाका लगाते थे। दुभाषिए के बाद चीनी भाषाई एक जोर का ठहाका लगाते थे। इस तरह हर बात पर एक अंतराल के बाद दो बार ठहाके लगते थे।

आयोजकों ने सभी कारटूनिस्टों को गुआंग के साथ शंघाई भी घुमाया। प्राण ने जैसा सोचा था कि वहां भाषा की समस्या आड़े आएगी, ऐसा हुआ नहीं। अंतर्राष्ट्रीय कंपनियों के आने से चीन में अंग्रेजी भाषा बातचीत का माध्यम बनती जा रही है।

गुआंग से वह शंघाई गए, वहां चीनी सभ्यता, संस्कृति का आनन्द उठाया। वहां के बुद्धमंदिर अपने आप में अलग नजारा पेश कर रहे थे। चीनी भोजन विशेष रूप से चाय के अनेक रंग देखने को मिले। चुस्त-दुरुस्त चीनी लोगों का कहना ही क्या! उन्होंने वहां की चाय पीने का भी लुत्फ उठाया।

2008 में उन्होंने मनोक्को, मांटेकार्लो, हॉलैंड के एम्स्टर्डम और स्पेन में मेडरिड तक वार्सीलोना भ्रमण किया। वह वहां नजारों को कैमरे में कैद करना नहीं भूले।

2009 में आस्ट्रेलिया के कारटूनिस्ट क्लब के कार्निवल में प्राण ने शिरकत की। वहां उनकी मुलाकात स्थानीय कारटूनिस्टों से हुई। जिम किम्सले कारटूनिस्ट की कारटून पट्टी भारत के हिंदुस्तान टाइम्स में प्रति सप्ताह प्रकाशित होती थी। उन्होंने प्राण को अपने कारटूनिस्ट क्लब का स्थायी सदस्य भी बना लिया। वह पत्नी के साथ भारत आए, हमारे साथ रुके। उनकी मृत्यु से हम सब बहुत आहत हुए थे।

आस्ट्रेलिया से उन्होंने न्यूजीलैंड की ओर कूच किया। आकलैंड में कुछ दिन रहे। वहां रहने वाले परिवारों से मिलना अच्छा लगा। पहले प्रतिबंध नहीं था, इसलिए अनेक भारतीय/विदेशी वहां जाकर बस गए, पर अब सख्त पाबंदी है। प्राण न्यूजीलैंड दो बार गए, उन्हें यह स्थान स्विटजरलैंड से भी अधिक खूबसूरत लगा। भीड़भाड़ से दूर, एक दम शांत, नैसर्गिक छटा से भरपूर देश मन को भा गया।

दूसरी बार वह न्यूजीलैंड के वेलिंगटन शहर में गए। चारों तरफ नीला समुद्र और छोटा-सा हरा-भरा शहर- कैसा लग सकता है? वहां एक 75 वर्षीय कारटूनिस्ट से मिलना हुआ। वृद्ध पति-पत्नी पहाड़ी के ऊपर बने घर में रहते हैं। कारटूनिस्ट प्राण को लेने स्टेशन पर अपनी कार ले कर आए। पहाड़ी रास्ता होते हुए भी एकदम बढ़िया सड़क बनी हुई थी। ऊपर बिजली का भी उम्दा प्रबंध नजर आया। गैस वहां तक न पहुंच सकने की वजह से खाना पकाने से लेकर रोजमर्रा के सभी कार्य बिजली के उपकरणों द्वारा होते हैं। एक अनजान व्यक्ति की मेहमाननवाजी ने प्राण को आत्मविभोर कर दिया।

2010 में हंगरी, प्राग, पोलैंड का सफर किया। प्राग बेहद सुंदर शहर लगा। 2011 में वह दोबारा पोलैंड गए। वहां पर कई कारटूनिस्टों से मिलना हुआ। मि० आशिग और उनकी पत्नी की आत्मीयता उन्हें खूब भाई। मिसेज आशिग ने

इंटरनेट से एक भारतीय रेस्तरां भी खोज निकाला, वहां भोजन कराया। इंसान भी क्या है! विदेश में भी अपना भोजन ढूंढ़ता है, तभी सहज हो पाता है। इसके साथ ही उन्होंने रूस की राजधानी मास्को, फिनलैंड और सेंटपीटर्सबर्ग की ओर कूच किया। मास्को में एक से एक कलात्मक स्टेचू मन को छू लेते हैं। शहर की मंहगाई अखरी। फिनलैंड एक छोटा-सा प्यारा शहर, बेहद ठंडा शहर है। सेंटपीटर्सबर्ग में तीन महीने रात नहीं होती। प्राण जब वहां गए तो यही समय था- इन्हें 'व्हाइट नाइट्स' कहा जाता है। विदेशियों के लिए यह अपने आप में अनूठा कभी न भूलने वाला अनुभव होता है।

इस के बाद वह सिंगापुर, मलेशिया, कुआलालांपुर और हांगकांग गए। तीनों शहर अपनी-अपनी विशेषताओं से भरपूर लगे। सिंगापुर के अनुशासन के बारे में जितना कहा जाए कम होगा।

2013 मई के माह में प्राण ने पेरिस और लंदन जाने का कार्यक्रम बनाया। यह यात्रा कुछ हट कर थी। इस बार वह अपने 13 वर्षीय पोते सारांश के साथ जा रहे थे। सारांश क्रिकेट का प्रेमी है। वह उसे लंदन स्थित लार्ड्स स्टेडियम दिखाना चाहते थे। दादा-पोता एक सप्ताह बिता कर अनूठी यादें ले कर अपने घर लौट आए। सारांश ने लार्ड्स स्टेडियम का आनंद उठाया तो प्राण ने अपने पोते को विदेश यात्रा पर ले जाने की तमन्ना पूरी होने का आंतरिक सुख महसूस किया।

अभी लौटे हुए दो महीने भी पूरे नहीं हुए थे कि 1 जुलाई, 2013 को वह बीमार पड़े, एक वर्ष कैंसर से जूझते हुए 5 अगस्त, 2014 को दुनिया को अलविदा कह गए।

व्यक्तित्व

यों तो हर व्यक्ति का व्यक्तित्व एक दूसरे से भिन्न होता है, यहां तक कि मां के हर बच्चे का स्वभाव, प्रकृति, पसंद-नापसंद अपने प्रकार की होती है। एक परिवार, एक परिवेश में पले-बढ़े बच्चे क्यों ऐसे होते हैं? कहना मुश्किल है।

सात बहन-भाइयों में सब से छोटे प्राण की शख्सियत उन सब से मेल नहीं खाती थी। इन सब पर पारिवारिक संस्कारों पर सामाजिक संगत और आर्थिक पहलू भी अपनी पकड़ बखूबी बना लेते हैं। इतना बड़ा परिवार, पितृछाया विहीन और आर्थिक अभाव से जूझता इंसान यथार्थवादी हो कर अपने रास्ते खुद-ब-खुद बनाने का साहस जुटा लेता है।

वह जिंदगी के कटु सत्य को भोगते हुए प्योर यथार्थवादी बन गए, तो दिल से भावुक होने की वजह ने उन्हें सच्चा चित्रकार बनने में सहयोग दिया। बिना दिल की तान सुने कोई भी सृजन कर ही नहीं सकता- चाहे वह नृत्य, संगीत, कला या फिर साहित्य क्षेत्र ही क्यों न हो? यथार्थता और भावुकता की लुकाछिपी से खेलते हुए वह ताउम्र जिए। इसीलिए शायद किसी दुखद घटना को देखकर वह अगर बच्चे की तरह सिसके हैं, तो कठोर से कठोर निर्णय लेने में अडिग रहना भी आता था उन्हें।

इस कशमकश में सामाजिकता, दुनियादारी कुछ हद तक पीछे छूट गई थी। पत्नी होने के नाते यह उत्तरदायित्व मेरे कंधों पर था। परंतु सहभागी की भूमिका वह नहीं भूलते थे।

जीने का अपना ढंग था उनका, अपने सिद्धांत- उस सीमा से परे, 'नो कंप्रोमाइज, प्लीज।' कौन क्या सोचेगा, कौन क्या कहेगा, कहने दो। जीवन में कौन सब को प्रसन्न कर पाया है? अपनी ओर से ईमानदारी निभानी चाहिए,

उसमें तनिक भी कोताही न हो पाए, इस के बाद भी अगर हम किसी को नहीं भाए, तो कोई चिंता नहीं।

पारदर्शिता बनाए रखना उनकी आदत में शुमार था- डिप्लोमैसी से खास परहेज रखते थे, घुमाफिरा कर क्यों कुछ कहा जाए? सीधी सरल भाषा- यहां तक कि पेशे के क्षेत्र में भी यही रवैया अपनाते रहे। शायद इसी कारण जिंदगी की अंतिम सांस तक वह एक सच्चे कलाकार ही बने रहे।

समय-समय पर अन्य प्रकाशकों ने उन्हें अग्रिम चैक भेज कर 'खरीदना' चाहा। उन्होंने धन्यवाद सहित रजिस्टर्ड डाक द्वारा चैक उन्हें लौटा दिए। बात और वचन के साथ नैतिकता का उन्हें बहुत ध्यान रहता था। जो कहा वह किया, जिसे करना मुमकिन नहीं था, उसे कहा तक नहीं।

नियमित दिनचर्या, थोड़ी-सी बाधा भी उन्हें बर्दाश्त नहीं होती थी। सुबह अपने सोच-विचार वाले कुछ दोस्तों के साथ सैर करते हुए हर रोज बनाने वाले कॉमिक्स का आइडिया सोच लिया जाता था। पूरे दस बजे से शाम पांच बजे तक कॉमिक्स बनाते थे। शनिवार आधा दिन और रविवार एकदम टोटली अवकाश।

समय के इतने पाबंद थे कि हम उन्हें 'टाइम टेबल' कहकर चिढ़ाते थे। घड़ी की सुई अटक-मटक कर के कभी रुक सकती है, पर क्या मजाल है, जो डगमगा जाएं। उन्हें नियमित व्यक्ति ही पसंद आते थे। कहते थे, गुजरा वक्त कभी वापस नहीं आएगा।

कॉमिक्स के आइडिया से लेकर कलर स्कीम देने तक का प्रत्येक कार्य उन्हें स्वयं करना खूब भाता था। समय के साथ तकनीकी प्रगति हुई, वक्त बदला, उसका हस्तक्षेप हुआ। उसका स्वागत भी किया। अपने काम पर संतुष्टि और अंतिम निर्णय की मुहर स्वयं लगाते थे। सच्चा कलाकार ऐसा ही करता है। अपने बच्चों ने उन्हें 'वन मैन आर्मी' की उपाधि दे रखी थी।

खाली वक्त में चाय की चुस्कियों के बीच पुराने गाने और गजलें सुनना उन्हें सुकून देता था। जगजीत सिंह और मेहंदी हसन मनपसंद गजल गायक थे। उनके निधन पर उन्हें दुःख हुआ था। पत्र-पत्रिकाएं पढ़ना अच्छा लगता था, इसीलिए वह किसी विषय पर चर्चा कर पाते थे। अध्ययन करने से ही सामान्य ज्ञान में वृद्धि होती है।

आधुनिक राजनीति के गिरते स्तर से प्राण खफा थे। राजनीति में बहुत अधिक चारों तरफ पनपता वंशवाद उन्हें दुखी कर देता था। इस क्षेत्र में भी

न्यूनतम शिक्षा और नेतागिरी का प्रशिक्षण होना चाहिए- यह वह प्राय: दोहराते थे। जब हम बच्चे थे हमारे अभिभावक कई नेताओं का उदाहरण देकर हमें उनके जैसा बनने के लिए प्रेरित करते थे। मुझे याद नहीं पड़ता कि हम अपनी भावी पीढ़ी के समय में ऐसा गंतव्य कह पाने की स्थिति में कभी हो पाते होंगे। फिर इन लोगों के नाम पर शहर के अस्पतालों, पुलों, सड़कों, हवाई-अड्डों के नाम क्यों? ये नाम, सैनिकों, शहीदों, समाजसेवियों, लेखकों, कवियों, संगीतकारों, कलाकारों, नृतकों, शिक्षाविदों, खिलाड़ियों और बुद्धिजीवियों के पाले में जाएं तो उनके साथ न्याय होगा। हमारे भूतपूर्व प्रधानमंत्री श्री अटलबिहारी वाजपेयी एक सच्चे स्टैट्समैन थे।

मित्रता हमेशा समान दिल और दिमाग वालों के मध्य ही हो पाती है। विश्व भ्रमण के दौरान प्राण के बने कई मित्र भारत आने पर हमारे घर आए, तब महसूस हुआ कि भाषा, रहन-सहन, खान-पान भिन्न होते हुए भी हम 'दोस्त' बने रह सकते हैं। एक-दूसरे का आनंद लिया जा सकता है। विचार और मत में भिन्नता होना अलग बात होती है, दृष्टिकोण और नीयत साफ होनी चाहिए। यही सच्ची दोस्ती की नींव होती है। जो शख्स जंचा, दिल की तह तक घर कर गया, उससे पूरी जिंदगी निभाया, पर जो नहीं भाया वह औपचारिक ही रहा। दोस्तों की महफिल जमाने की विशेष रुचि थी, उन्हें अपने घर आमंत्रित करना उन्हें भाता था।

प्राण को कभी-कभी खुल कर ठहाके लगाते सुना जा सकता था तो कुछ के साथ एकदम चुप। गंभीर स्वभाव के प्राण की प्रवृत्ति आत्मकेंद्रित थी। हास्य एक गंभीर विषय है। उनके अनुसार दूसरे को रुलाना जितना सरल है, हंसाना वह भी भीतर तक गुदगुदाना उतना ही कठिन। लोग समझते थे, जिसका पेशा दूसरों को हंसाना हो, वह तो हमेशा हर बात पर ठहाके लगाता होगा। वास्तव में ऐसा नहीं था। उन्हें उस शख्स की बहुत कद्र थी, जिसमें 'सेंस ऑफ ह्यूमर' अर्थात हास्य का पुट हो। फिर भले ही वह कोई भी हो सकता था।

हंसने-हंसाने के लिए विशेष वर्ग या कैटेगरी का होना आवश्यक नहीं होता। यह एक स्वाभाविक प्रवृत्ति है। एक बार जिस व्यक्ति ने हमारा मकान रंग-रोगन किया, वह एक साधारण वर्ग से था, पर उसके स्वभाव में हास्य इतना कूटकूट के भरा था कि प्राण का वह चहेता बन गया।

यह आवश्यक है कि जिसे आप हंसाना चाह रहे हैं, वह उसे समझ पाए,

मनहूस न हो। नहीं तो आपकी हंसी का वध हो जाएगा, तब कितना कष्ट होता है, यह भुक्त-भोगी बयां कर पाएगा। प्राण को उन लोगों पर बहुत तरस आता था, जिन्होंने पूरी आयु बिना हंसे हुए, नोट गिनने में बिता दी है। हमारे परिवार का वातावरण हलका-फुलका हास्यमय रहता है। हास्य भरे तीर एक दूसरे पर छोड़ना और फिर उसी तहेदिल से दूसरों की मजाक भरी बात को झेलना यहां की परंपरा बनी रही है। इस में बड़े ही क्यों बच्चे भी बराबर के भागीदार होने की भूमिका निभा सकते हैं। तभी रिश्ता या उम्र आड़े नहीं आई। हां, मर्यादा और शालीनता की सीमाएं हर कोई बखूबी जानता है। एक बुद्धिजीवी होने के नाते भले ही हमारे लिए वह हीरे-जवाहरात, सोना-चांदी की संपदा एकत्रित न कर पाए हों, पर हास्य तो थोक के भाव में लुटाया है हम परिवारजन पर। हमेशा स्मरण किया जाने वाला नाम और प्रतिष्ठा तो अमूल्य है। इसे भावी पीढ़ियां सदा नमन करेंगी।

युवावस्था में उन्होंने सिनेमा हॉल में लगने वाली हिंदी, अंग्रेजी की शायद ही कोई फिल्म ऐसी थी जो न देखी हो। उम्र बढ़ने पर खास फिल्म ही देखते थे। दिलीप कुमार की अदाकारी किसी और में कहां, मधुबाला और देवानंद जैसा खूबसूरत चेहरा दूसरा नहीं- ऐसा मानते थे। साहित्य में कबीर, प्रेमचंद, शेक्सपीयर और टालस्टॉय की लेखनी ने उनके दिल पर प्रभाव छोड़ा था। उन्हें बुद्धिजीवियों के बीच उठना-बैठना, बतियाना, विचारों का आदान-प्रदान करना बहुत पसंद था। जो कोई उनके दिल और दिमाग के करीब हो उस के साथ ठहाके लगाना वर्ना 'कोल्ड शोल्डर' दे कर खिसक लेना या फिर मौनव्रत धारण करने में वह पारंगत थे। ऊंची-ऊंची फेंकने वाले या घोर घमंडी व्यक्ति की छाया से भी परहेज था उन्हें। अगर विवशतावश टकराव हो भी जाए, तो 'एक चुप सौ सुख' का फार्मूला अपनाना सुखद स्वभाव में शुमार था। ऐसे में दुनियादारी निभाते-निभाते मैं थक जाती थी।

बेटी बचाओ, बेटी पढ़ाओ' यह नारा नेताओं ने अब दिया है। प्राण के लिए पहले से ही बेटी-बेटे समान थे, बल्कि यों कहूं कि दिल के नाजुक कोने का झुकाव 'लाडो' की ओर रहा, वो गलत न होगा। बेटे-बेटी को समान शिक्षा दे कर यह दिखा भी दिया कि ऐसा करना चाहिए। इतना ही नहीं, बहू को भी बिटिया सा दुलार दिया।

परंपराओं को सुविधा के धरातल पर खरा उतरना चाहिए। आधुनिकता और प्राचीनता का अजब मिश्रण था उनका व्यक्तित्व। बुजुर्गों के प्रति सम्मान तो युवा वर्ग की पहचान को जगह देना वह जानते थे। बड़े निर्णय लेने में वह

अडिग और 'स्ट्रिक्ट बॉस' थे तो कभी छोटे बच्चे द्वारा गलती का अहसास करा देने पर उन्हें 'सॉरी' कहने से गुरेज कहां था?

अपने कॉमिक पात्रों को बच्चों समान चाहते थे। दीपावली का त्यौहार खुशी से भर देता था। इस दिन लक्ष्मी पूजन के स्थान पर वह अपने दिवंगत माता-पिता और चाचा चौधरी को नमन करते थे। माता-पिता से उन्हें जीवन मिला और चाचा चौधरी से जीने का रास्ता।

मैंने प्राण को दो बार सिसकते देखा था, एक बार तो अपनी मां के निधन पर दूसरे अपनी लाडली बिटिया शैली की विदाई के समय। बच्चों के रिश्तों को वे 'वन वे ट्रैफिक' मानते थे। अपेक्षा रिश्तों को बिगाड़ देती है। 'नो अपेक्षा' की मानसिकता ने उन्हें हमेशा आनंदित रखा।

पाखंडता पूर्ण धर्म से सख्त घृणा थी उन्हें। कुरीतियां दूर करने का यदि हम साहस जुटा पाएं तो, यह विश्व स्वर्ग बन जाए। वह शत-प्रतिशत मानवतावादी थे। हमारे परिवार में पूजा-अर्चना नहीं होती थी, पर बहू स्वतंत्र रही अपनी आराधना करने में। परिवार के किसी भी सदस्य ने एक दूसरे की धाार्मिक भावनाओं में हस्तक्षेप नहीं किया।

मानवतावादी

प्राण बिलकुल आस्तिक नहीं थे। इस विषय पर उन के विचारों को उन के द्वारा लिखित डायरी से ज्यों का त्यों उद्धृत किया जा रहा हैं। यह उनके अपने विचार थे। उन्हें अपनी बात बेबाक कहना आता था। दूसरों के विचारों का सम्मान करते थे। किसी पर अपनी विचारधारा या दृष्टिकोण थोंपना नापसंद था।

अगर कोई मुझ से पूछे कि मैंने अपनी जिंदगी में सब से आश्चर्यजनक चीज क्या देखी? तो मेरा जवाब होगा दुनिया भर के करोड़ों लोगों का ऐसी चीज को मानना, उसके लिए सब कुछ देने को तैयार रहना, यहां तक कि मर मिटना, जो वास्तव में है ही नहीं।

विश्व भर में ईश्वर को मानने वाले हैं। हर मुल्क की आबादी का 95% इस बात में विश्वास करता है कि भगवान, अल्लाह या ऐसा जीव है, जिसने इस दुनिया को बनाया है। वह ऊपर आसमान में कहीं बैठा इस दुनिया को चलाता है। उसकी मर्जी के बिना न कोई पैदा हो सकता है, न मर सकता है,

अलग-अलग धर्म के लोगों के उसे याद करने, पूजा करने के तरीके अलग हैं। इतिहास से पता चलता है कि कई धाार्मिक युद्ध हुए, जिन में हजारों लोगों की जानें गई। आज भी सांप्रदायिक दंगों में सैकड़ों जानें जाती हैं। मैं सोचता हूं, क्या ही सही होता अगर सब का पूजा करने का ढंग एक होता। फिर सांप्रदायिक दंगें तो नहीं होते।

मैं सोचता हूं, शुरुआत में कुदरत के अलग-अलग पहलुओं- मौसम का बदलना, बादल गरजना, नदी-नालों का बहना, फूलों का उगना, प्राणी का जन्म-मरण, चांद, सितारे, सूर्य का उगना, अस्त होना, आदि को देखकर किसी व्यक्ति ने कल्पना की होगी कि इन कार्यों को करने वाला कोई है, राजा से भी ऊपर है। राजा का हुक्म प्रजा तक चलता है, प्रकृति पर नहीं। इसलिए राजा से ऊपर 'कोई' होगा। इस कोई 'सम्राट' को ईश्वर, अल्लाह, गुरु, गॉड, नाम दिया

गया होगा। हर ऐसी सोच वाले व्यक्ति के अनुयायियों ने उनके धार्मिक तरीकों को अपनाना शुरू किया होगा। तभी कोई मंदिर, कोई गुरुद्वारा, कोई चर्च, कोई मस्जिद जाने लगा।

इस समय कष्ट भुगतने वाले को पिछले जन्म के कर्मों का फल कह कर उसे चुप करा दिया जाता है। पिछला जन्म किसने देखा है? मैंने किसी ऐसे व्यक्ति को नहीं देखा जो मरने के बाद दोबारा जन्मा हो।

बच्चा अपने बड़ों को, जो कुछ करते हुए देखता है, उसका अनुसरण करता है। बच्चे को बड़े होते-होते कई वर्ष लगते हैं। घर में बड़ों के विचार छोटों के मस्तिष्क में बैठते जाते हैं। उनके दिमाग की अंदरूनी बनावट बड़ों के विचारों से प्रभावित होती है। बड़ों के विचार उसके मस्तिष्क में इतनी मजबूती से बैठ जाते हैं कि उन्हें छिटक देना असंभव नहीं तो मुश्किल जरूर है। यही वजह है कि कई बच्चे बड़े हो कर साइंसदान, इंजीनियर या डॉक्टर बन जाते हैं, भौतिक चीजों के घटित होने के कारणों को जानते हुए भी 'ईश्वर' का विचार उनके दिमाग से बाहर नहीं निकलता।

मैंने कई डॉक्टरों को देखा है, जिन्होंने आदमी के शरीर को चीरा-फाड़ा है, फिर भी वे भाग्य को मानते हैं। यात्रा करने से पहले शुभ घड़ी का मुहूर्त्त निकलवाते हैं। वे ऐसा इसलिए करते हैं, क्योंकि अब तक उनके दिमाग के एक हिस्से पर मां-बाप के विश्वास की छाप है। यह छाप अगली पीढ़ी को हस्तांतरित होती रहेगी, जब तक कि कोई ऐसा पैदा न हो कि वह माने जो विवेक संगत हो, तर्क से सिद्ध हो। ऐसा होना मुश्किल नहीं, लेकिन कठिन है। समाज के डर से, परिवार और बुजुर्गों के डर से।

धर्म या ईश्वर में विश्वास को अपने मकसद को हल करने के लिए भी इस्तेमाल किया गया है। राजनैतिक नेता मंदिरों, मस्जिदों में, चर्च में हुई सभाओं में जाते हैं ताकि उसको उन अनुयायियों के वोट मिल सकें। उसको उस धर्म में रुचि नहीं होती। कुछ लोग धार्मिक सामान बेचने का व्यापार कर के आर्थिक लाभ उठाने के लिए वहां जाते हैं।

मैंने देखा है कि आदमी अपनी जिंदगी के हर पहलू में जगह-जगह तर्क और विवेक से काम लेता है। लेकिन 'ईश्वर' या 'उस सर्वश्रेष्ठ' के सामने अपनी बुद्धि के दरवाजे बंद कर देता है। एक कुशल वकील बढ़िया दलीलें दे कर अदालत में सिद्ध कर देगा कि मुजरिम निर्दोष है। डॉक्टर अपनी बुद्धि से सोचेगा कि मरीज के लक्ष्ण बताते हैं कि उसे मलेरिया है, निमोनिया नहीं। इंजीनियर तर्क से बता देगा कि बनाई गई मशीन कामयाबी से चलेगी या नहीं। लेकिन ऐसे

लोगों, जिन की बुद्धि की श्रेष्ठता पर शक नहीं किया जा सकता, को जब यह कहा जाता है कि एक साधू बाबा ने फूंक मार कर हजारों मरीजों के गठिया और कैंसर ठीक कर दिया या गुरुजी ने अपने भक्त को तीन अंगूर दिए, जिन्हें वह कई सालों से खा रहा है, खत्म होने को नहीं आते। वे अंधविश्वासी बन जाते हैं। समझ में यह नहीं आता कि वे अपने विवेक का इस्तेमाल क्यों नहीं करते?

ज्यादा अच्छा हो कि वे सच्चे और ईमानदार इंसान बन कर, मनुष्यता निभाते हुए समाज, देश और परिवार के प्रति अपनी जिम्मेदारी निभाएं। छोटी-छोटी बातें होती हैं, जो आपको महान बना सकती हैं, इस के लिए कैलाश पर्वत पर जाना आवश्यक नहीं है।

दहेज प्रथा हमारे समाज में दीमक की तरह है। यह कम होने के स्थान पर दिनोंदिन बढ़ रही है। प्राण कहते थे कि इस कुरीति का खात्मा करना है, तो लड़के के अभिभावकों को पहल करनी होगी और वर-वधू दोनों की सोच बदलना बहुत आवश्यक हो जाता है। अभी तक तो हमारे समाज में वधू पक्ष बेचारा ही बन कर रह जाता है। उनके पास अंतिम निर्णय का अधिकार नहीं होता।

वह अपने निजी और प्रोफेशनल जीवन से संतुष्ट थे। जो उन्होंने चाहा, वह मिला और जो मिला उसे दिल भर के चाहा भी था। एक संतोषी जीव कभी बहुत अधिक महत्त्वाकांक्षी नहीं हो सकता, ऐसा ही कुछ हाल श्रीमानजी का था। धीरे-धीरे आगे बढ़ती जिंदगी में जो पहचान और सफलता के फूल खिलते रहे, उससे प्रसन्न थे। अपनी भावी पीढ़ी को भी यही घुट्टी पिलाई- सफलता के लिए बरसों परिश्रम करना पड़ता है, यह सब रातों-रात नहीं होता। अपने हाथों से बनाई पगडंडियां दिल के बहुत करीब होती हैं। उन टेढ़े-मेढ़े रास्तों से गुजर कर जिंदगी बिताने का लुत्फ बहुत सुखद होता है।

बड़े से बड़े निर्णय लेने में वह वक्त जाया नहीं करते थे, उनका चुटकियों का काम था। इसके बाद मैंने उन्हें कभी पछताते भी नहीं देखा था- फिर चाहे उनके क्षेत्र के हों, बच्चों के करियर या फिर उन के वैवाहिक जीवन संबंधी। हमारे छोटे से परिवार में सुख-शांति की बयार खूब बहती थी। कठिनाई के वक्त बड़ों के कहे का सम्मान होता था, तो छोटों के दृष्टिकोण को नजरअंदाज करना कोई नहीं चाहता था- यही सुख की कुंजी थी।

प्राण का प्रोफेशन थोड़ा लीक से हटकर था, इसलिए हमें कुछ लोगों को इसकी जानकारी देनी होती थी। ऐसा उस वक्त हुआ जब लड़की (जो अब हमारी बहू है) के माता-पिता हमारे बेटे को विवाह के लिए देखने आए थे। मैंने

उसकी मां से पूछा, "आपको पता है, प्राण जी का क्या काम है?"

उन्होंने जवाब दिया, "हां, कॉमिक्स बनाते हैं।" मुझे उनका 'होमवर्क' कर के आने पर संतुष्टि हुई। ऐसा अवसर अनेक बार आया है। आज कार्टूनिंग करियर अपनी पहचान बना चुका है, पहले ऐसा नहीं था। अक्सर लोग पूछते थे- कार्टूनिंग तो हॉबी होगी? वह इसके अतिरिक्त कुछ और भी काम करते हैं क्या? घर कैसे चलता है?

उन्हें ज्ञात नहीं था कि एक सच्चा कलाकार सिर्फ और सिर्फ कला के लिए जीता है- प्राण भी ऐसे थे जिन्हें दुनिया की चकाचौंध, भागदौड़ नहीं रिझा पाई और वह एक 'टू आर्टिस्ट' की तरह अपने स्टूडियो में चुपचाप बैठकर दूसरों को हंसाने के लिए कॉमिक्स बनाते रहे। हम सब अनभिज्ञ थे कि भारत के हिंदी कॉमिक्स का इतिहास हमारे घर में ही रचा जा रहा है।

घर में स्टूडियो होने की वजह से कई बार ऐसा भी होता था कि कोई नाते-रिश्तदार आते थे- पर वह वर्किंग डे पर उनसे लंच या फिर शाम को काम पूरा होने के पश्चात ही मिलना पसंद करते थे। सुबह दस बजे से शाम पांच बजे तक का समय कारटून बनाने के लिए निर्धारित था। बीच में एक से दो बजे आराम फरमाया जाता था। पलंग पर लेटते ही खुर्राटे भरना उनका आम स्वभाव था। हम अक्सर पूछते थे, आप को इतनी शीघ्र नींद का झोंका आ जाता है, हमें नींद बुलाने के लिए जूझना पड़ता है।

प्राण सपरिवार

इसका सीधा-सा प्रत्युत्तर होता - "मैंने किसी का कर्जा नहीं देना, इसलिए मजे से सोता हूं"।

चहेतों की लंबी फेहरिस्त है। वह उन्हीं के लिए ताउम्र जिए थे। बच्चों के साथ-साथ उन के अभिभावक उसी उत्सुकता और रुचि के साथ उन से मिलते थे। हमारे मकान के बाहर नाम की प्लेट उन के हस्ताक्षर 'प्राण' की ही लगी है, जो उन्होंने स्वयं डिजाइन की थी। इसे देखकर प्राय: लोग समझ जाते थे कि यही घर कारटूनिस्ट प्राण की रिहायश है। कई बार सैल्समैन उन से मिलने आ जाते थे।

कार की पिछली स्क्रीन पर बने उनके कॉमिक पात्रों (जो उन्होंने स्वयं चित्रित किए थे) को कई बार आते-जाते बच्चे हाथ हिला कर, कार रुकवा कर मिल कर खुश होते थे- प्राण उन्हें कॉमिक्स देना नहीं भूलते थे। यह उपहार प्राय: कार में सहेज कर रखा रहता था।

एक दिन दोपहर को हलकी बारिश हो रही थी। कॉल बेल सुन कर मैंने दरवाजा खोला। एक अधेड़ उम्र के पति-पत्नी अपने दस वर्षीय बच्चे के साथ भीगते हुए स्कूटर से उतरे। पति ने पूछा, ''क्या हम प्राण साहब से मिल सकते हैं?''

"क्यों नहीं।" मैंने कहा, पत्नी ने बताया "आज मेरे बेटे का जन्मदिन है। हम ने पिछले वर्ष इससे कहा था कि तुम्हें अगले जन्मदिन पर कारटूनिस्ट प्राण से मिलवा देंगे। आज हम इसे ले कर गाजियाबाद से दिल्ली आए हैं।"

मैं आत्मविभोर हो उठी। वे प्राण से मिले। हाथ में कॉमिक्स लिए हुए जब बच्चा अपने माता-पिता के साथ लौट रहा था- उस वक्त उसके चेहरे से झलकती अपार प्रसन्नता और साधारण से दिखने वाले पति-पत्नी के चेहरे का गद्गद भाव देखकर मैं भावुक हो उठी। आज भी उस पल का अहसास मुझे है। मैंने प्राण के हर चाहने वाले का सम्मान किया है, कद्र की है।

कई बार छोटी-छोटी घटनाएं, मौके, अवसर हम बरसों तक नहीं भूल पाते। वे दुखद भी हो सकते हैं या फिर सुखद भी। पीड़ा की टीस प्राय: हमें कुलबुलाती है। हम ने छोटी उम्र में इधर-उधर से पूंजी जमा कर के छोटा-सा आशियाना बना लिया था। इसके बाद हाथ तंग होना स्वाभाविक था।

उलटे-सीधे खर्चे सोच-विचार की पाबंदी के दायरे में सिमट कर रह गए। प्राण ने अपने पुराने कोट को ही पलटवा लिया। हम दोनों खुशी-खुशी कनाट प्लेस घूमने गए। मौसम सुहावना था। इतने में सामने से इनके एक रिश्ते के भाई टकरा गए। दुआ-सलाम करने के बाद वह प्राण से बोले, "मैंने सुना था, तू बहुत अमीर आदमी है, फिर यह पुराना कोट पलटवा कर क्यों पहना

है?" उनकी दर्जी की दुकान थी, इसलिए वह पहचान गए। हमें काटो तो खून नहीं। मैंने बहुत कोशिश करके अपनी आंखों के आसुंओं को जब्त किया। प्राण ने गंभीरता का परिचय देते हुए, बिना बोले कदम आगे बढ़ा लिए। इसके बाद जब-जब इन्हें सम्मान मिला उन्होंने आगे बढ़ झूठी तारीफ के पुल बांधने की बनावटी कोशिश की, पर उस वक्त बिना मारे हुए थप्पड़ की गूंज आज भी मैं महसूस कर पाती हूं।

यह सब अनजाने में होता है या फिर जानबूझ कर आहत किया जाता है। क्या मिलता है यह सब करने के बाद? तभी प्राण कहते थे, "जब हम जीवन की उठा-पटक से जूझ रहे होते हैं, संघर्ष में उलझे होते हैं, तब कोई नजदीक नहीं फटकता। कुछ पहचान बन जाने पर उपहास का पात्र बनाने वाले शख्स हमें घनिष्ठ बनाने से भी गुरेज नहीं करते।"

इन्हीं कटु अनुभवों ने प्राण को आत्मकेंद्रित बना दिया था। अपने सीमित परिचित, रिश्तेदार और विशेष रूप से दोस्तों में वह खुल कर जिए। उनके प्रति संवेदनशील होकर अपने दायित्वों को निभाने में कभी कोताही नहीं बरती। पर हर किसी के साथ घुलना-मिलना उनके स्वभाव में नहीं था। प्रायः लोग उन्हें घमंडी तक समझने की भूल कर बैठते थे। जो शख्स पसंद आया, उसका साथ निभाया और जो नहीं भाया, तो उसकी छाया से भी परहेज करते थे। हर किसी से रिश्ते बनाए तो निःस्वार्थ भाव से, तहेदिल से। अपने रंग-ढंग, अपने तौर तरीकों से जीना उन्हें पसंद था, जिसे यह पसंद है, वह उनके कारवां में वांछनीय है, वरना...। इसके बावजूद उन्हें विदेशी मित्र भी मिले, जिन्होंने उनके साथ 'क्वालिटी टाइम' काटा।

श्री जान लेंट प्राण के निवास पर

मिस्टर जॉन लेंट पेनसिलवानिया से भारत वर्ष दिल्ली कॉमिक्स कांस में सम्मिलित होने के लिए, छह दिन के लिए, पत्नी इंग के साथ आए थे। उन्हें दिल्ली के पांच सितारा होटल मेरिडियन में ठहरवाया जा रहा था। प्राण एयरपोर्ट से उन्हें अपने निवास स्थान पर ले आए। उन्हें हमारे साथ इतना बढ़िया लगा कि वह मेरिडियन रुके ही नहीं।

हमने उनके लिए 'वैस्टर्न' भोजन की तैयारी कर रखी थी। पर उन्हें हमारा भारतीय भोजन खूब भाया। हमारे मित्रों ने जब यह सुना कि हमने अमरीकी दंपत्ति मित्र को अपने घर पर रुकने का आग्रह किया है, तो उन्होंने हमें आगाह किया कि उनसे अच्छी तरह पूछ लिया जाए, कहीं उन्हें असुविधा न हो।

बाद में पता चलने पर वे हक्के-बक्के रह गए कि उन्होंने पांच सितारा होटल से भी अधिक हमारे साथ रहना बेहतर समझा। यह है भारतीयता, जिसमें भरा पड़ा है प्यार, अपनापन और सत्कार।

जॉन लेंट को हमारा संयुक्त परिवार देख कर सुखद आश्चर्य हुआ। बातों-बातों में वह मुझसे कहने लगे, "मैंने इंडियन मदर इन लॉ के विषय में सुना है कि वे अपनी बहुओं को दहेज के लिए जला देती हैं, पर आपको बहू के साथ खुशी-खुशी एक घर में रहते हुए देख कर अच्छा लग रहा है।"

मैंने कहा, "सब एक समान नहीं होते।" पर मन ही मन सास की खराब इमेज सुन कर दुखी हो उठी।

उन्होंने प्राण से कहा, "तुम्हारे बच्चे बहुत आज्ञाकारी हैं, अमरीका में बच्चे अपनी चलाते हैं। वहां रिश्तों में 'ट्रस्ट' नहीं है, हर कोई अपने को अकेला-अकेला महसूस करता है और अकेला रह भी जाता है।"

कुछ दिनों बाद सुनने में आया कि उनकी तीसरी चीनी पत्नी इंग भी उन्हें छोड़कर चीन में ही रहने के लिए चली गई। हम पति-पत्नी बहुत दुखी हुए। मन ही मन भारतीय संस्कृति और अपने संस्कारों के प्रति भावुकता से भर उठे। धन्य हैं हम जहां हमारा परिवार संस्थान बचा हुआ है और कई वृद्ध जिंदगी के आखिरी दिन अपनों में बिता कर इस दुनिया से कूच कर जाते हैं। पाश्चात्य सभ्यता की छाया हमारे परिवारों पर न पड़े- यही छोटी-सी चाहत है हमारी।

कुछ सीखना चाहें, तो वहां के लोगों से हम बहुत कुछ सीख सकते हैं। आत्मनिर्भरता, समय की पाबंदी, सफाई और व्यक्तिगत पारदर्शिता कुछ ऐसे ही गुण हैं। जब जॉन लेंट हमें पहली बार मिले, तो उन्होंने अपनी पत्नी 'इंग' से मिलवाते हुए बताया, "यह मेरी तीसरी पत्नी है।" यह कह कर वह सहजतापूर्वक बातें करने लगे। मुझे लगा कि अभी हम इस तरह की घटनाओं को प्राय: गोपनीय रख लेते हैं। यह हमारे समाज की विवशता है। वैसे हमें अपनी भारतीयता पर गर्व है, कुछ रूढ़ियों को छोड़ कर।

जानलेवा बीमारी

हमारे परिवार की गाड़ी संतुष्टि की पटरी पर बढ़िया गति से चल रही थी। छोटा-सा परिवार, छोटी-छोटी खुशियां, छोटे-छोटे गम- सभी सदस्य एक दूसरे से गुच्छे की तरह गुंथे हुए, कर्त्तव्यों का पालन करते हुए, अधिकारों का आनंद लेते हुए इस से अधिक और किसी को क्या चाहिए? शायद कुछ नहीं। 1 जुलाई, 2013 की रात खाना खाने के बाद प्राण ने पेट में गैस बनने से दर्द होने की शिकायत की। सुबह 'फूड पायजनिंग' का इलाज शुरू कर दिया गया। गुलूकोज चढ़ाने पर भी अंतर नहीं हुआ। कैट स्क्रीनिंग की गई, और पेट में कुछ गड़बड़ नजर आई। उन्हें 12-7-2013 गुड़गांव के मेदांता हास्पिटल में भरती कर दिया गया। डाक्टरों ने गंभीरता को देखते हुए चार-पांच घंटों में आपरेशन कर दिया। उनकी आंत में कैंसर था। 18 जुलाई, 2013 को वह घर लौट आए। एक महीने के पश्चात अस्पताल गए, डाक्टर ने कीमोथैरेपी करवाने की सलाह दी। उस दिन हमें उनके कैंसर का ज्ञात हुआ। हम सब भीतर तक हिल गए। उस वक्त हम पर क्या बीती- मेरी डायरी में उक्त अंश-

मेरे तुम, अपने दिल की व्यथा, दर्द, पीड़ा और तकलीफ की अभिव्यक्ति के लिए मेरे पास आज शब्द नहीं है। पहले लिखने के लिए मेरी कलम कभी रुकी नहीं है, वही निठर कलम पल-पल रुक रही है।

आप किस तकलीफ से गुजर रहे हो, इस का अहसास मुझे आप के मूक रहने पर भी हो जाता है। 'फिक्र न कर' आपका वाक्य मेरा हफ्तों का संबल बन जाता है।

कैंसर की घोषणा से आप ही नहीं पूरा परिवार झिंझुड़ गया है। मुझे, ईंट-ईंट कर जोड़ा घर भूंकप की भांति डोलता नजर आ रहा है। मकान की दीवारें हिलने लगी हैं।

ऐसे में अपने बच्चों के आगे बढ़े हाथ, हौसले भरे मन से मुझे हौसला मिला। आज मुझे पता चला कि पति-पत्नी का रिश्ता क्या होता है? दूसरे 'सदा सौभाग्यवती रहो' का आशीर्वचन क्यों देते हैं? अजीजों के हौसला-अफजाई से हम सांस ले पाए। बिना थके, मूक बन कर बच्चों बेटे (बहू, बेटी, पोते) ने आपका बहुत ध्यान रखा। उनके सहारे के बिना शायद मैं कुछ नहीं कर पाती। आपके मित्रों का मिलना आप को जीने का मकसद देता रहा। हम सब एक-दूसरे का हाथ पकड़ कर, चट्टान से अडिग रहे- तभी यह कष्टदायक वक्त गुजर पाया।

पूरे एक वर्ष तक कैंसर का इलाज चलता रहा। प्राण कैंसर जैसी लाइलाज बीमारी से लड़ते रहे। उन के साथ हम सब भी शारीरिक, मानसिक और आर्थिक महायुद्ध के शिकार थे। सब को भली-भांति विदित था कि अंजाम क्या होगा? पर दिल है कि मानता नहीं। हर सुबह एक नई आशा, उम्मीद ले कर आती थी, पर फिर वही कड़वा सच मुंह बाए हमें निराश कर जाता था। इंसान भी क्या है, किस मिट्टी का बना है? उसे सामने दिख रहा होता है, डॉक्टर बता रहे होते हैं कि अंजाम क्या होगा पर वह अपने प्रिय से बिछुड़ना नहीं चाहता। मुझ जैसी नास्तिक शख्स, जो पूरी तरह से वैज्ञानिक धरातल पर जीती है, भी किसी न किसी 'मिराकल', 'चमत्कार' की उम्मीद लगाए बैठी थी।

मेडिकल रिपोर्ट्स ने भी हमें जता दिया था कि कैंसर शरीर के दूसरे हिस्से मैं फैल चुका है। दूसरे आपरेशन के लिए प्राण 17-7-2014 को मेदांता में भरती हुए। आपरेशन आंत का हुआ, वह असफल रहा। उन्हें आई.सी.यू. में निमोनिया हो गया। 5 अगस्त, 2014 को रात 9:15 पर उन्होंने हमें अलविदा कह दिया।

एक साल के लंबे संघर्ष के बाद भी आधुनिक चिकित्सा पद्धति उन्हें जिंदा न रख सकी। हम सब रोते बिलखते, हाथ मलते रह गए।

पांच अगस्त, 2014 को सुबह डॉक्टर ने मुझे प्राण के साथ पूरा दिन आई.सी.यू. में ठहरने की अनुमति दे दी थी। उन्हें एक अलग कमरे में स्थानांतरित कर दिया गया था। शायद उन्हें उनकी दशा की गंभीरता का ज्ञान था।

सामने, आक्सीजन, लाइफ सेविंग कंप्यूटर की तारों से बिंधे प्राण पलंग पर निस्तेज पड़े थे। उनके सामने जिंदा लाश बनी मैं पथराई निगाहों से दिन भर उन्हें निहारती रही। बिना पानी पीए हुए- न जाने कितने बिखरते सपनों को खुली आंखों से देखती रही। मेरी जिंदगी का सब से अधिक भयावह दिन था मेरे लिए।

करीब 8:30 बजे रात को मैं घर पर लौटी ही थी कि बेटी शैली की चीखों भरी आवाज फोन पर आई...हमारी दुनिया लुट चुकी थी।

6 अगस्त, 2014 को पंजाबी बाग, नई दिल्ली के शमशान गृह में पुत्र निखिल ने मुखाग्नि दी। उन्होंने डायरी में अपनी इच्छा लिखी थी:

इस डायरी को मैं अपनी मौत के बारे में लिख कर शुरू करता हूं। मौत को मैंने इसलिए चुना क्योंकि यह जिंदगी का सच है। जो चीज इस दुनिया में बनी हैं, उस ने एक दिन जरूर नष्ट होना है। शुरुआत में अंत निर्धारित है।

मेरे शरीर को मेरे माता-पिता ने बनाया है। अगर वे या उन में कोई एक जिंदा होता, तो मेरे मृत शरीर पर उनका हक होता। मगर उन दोनों में से कोई एक भी जीवित नहीं है, इसलिए अपने शरीर पर दूसरा हक मेरा बनता है।

मेरी इच्छा है कि मेरे मृत शरीर को बिजली से दाह किया जाए। मेरे शरीर को दाह करते समय कोई मंत्र या धार्मिक क्रिया न की जाए। मुझे पता नहीं कि बिजली से दाह करने के बाद कुछ शेष बचता है कि नहीं? अगर राख और अस्थियां बचती हैं, तो उसे किसी नदी में न बहाया जाए। मैं नदी के निर्मल पानी को गंदा नहीं करना चाहता। उस राख को किसी पर्वत पर जहां आबादी न हो फैला दी जाए। मेरे लिए पूरी पृथ्वी एक पवित्र जगह है। वह खेत जिसके अनाज से मेरा पालन-पोषण सारी उम्र होता रहा, हरिद्वार या काशी से क्या किसी तरह कम महत्त्व का है?

मैं अपनी आंखें पहले ही दान कर चुका हूं। यह कार्य मैंने आज से बीस-पच्चीस साल पहले ही किया था। नेत्रदान का कार्ड मेरे पर्स में रहता है। दाह करने से पहले मेरी आंखें निकलवा ली जाएं।

6 अगस्त, 2014 को पंजाबी बाग और लोदी रोड के विद्युत शवगृह खराब थे, इसलिए उनकी इच्छा पूरी न करते हुए लकड़ियां जला कर अंतिम संस्कार करना पड़ा।

हमने अस्पताल में नेत्रदान करना चाहा, पर डाक्टरों ने कैंसर की वजह से ऐसा करने की अनुमति नहीं दी। इन दो इच्छाओं को पूरा न कर पाने की विवशता पर हमें सदैव खेद रहेगा।

प्राण को पर्वत बहुत अच्छे लगते थे, उन की इच्छा का सम्मान करते हुए हम ने उनकी अस्थियां, ऋषिकेश के पहाड़ी क्षेत्र में बिखरा दी थीं।

वह अक्सर कहते थे, यदि मैं अपने लिए दूसरा घर बना पाया, तो इस मकान को जिस में हम रहते हैं, को चाचा चौधरी और अपने अन्य कॉमिक पात्रों का म्यूजियम बना दूंगा। पर यह हो न सका।

उन्होंने विश्व भ्रमण के दौरान प्राय: कई देशों में उच्च स्तर के कॉमिक्स म्यूजियम देखे थे। हमारे देश में यह नहीं है। इस खजाने का आनन्द और ज्ञान आगे आने वाली पीढ़ियां कैसे ले पाएंगीं?

बुद्धिजीवियों को उतना मान-सम्मान नहीं मिल पाता, जिस के वे हकदार होते हैं। इस बीच राजनीति आड़े आ जाती है।

अपने प्रिय कॉमिक चरित्र चाचा चौधरी की 'एनिमेशन फिल्म' देखने का सपना पूरा न हो सका- और वह इस दुनिया को अलविदा कह गए। एनिमेशन तो बनेगी, पर केवल वह न होंगे।

उनकी पुण्यतिथि हम ने एक वृक्षारोपण करके उन अनाथ बच्चों में मनाई, जिन के लिए उन के मन में सदैव स्नेह रहता था। हम उस दृश्य को देख कर भावुक हो उठे, मन भर आया, आंखें नम हो उठीं, जब भूखे-प्यासे बच्चे, खाने की चीजें खाना छोड़ कर हमारी दी हुई प्राण की कॉमिक्स पढ़ने लगे। उस वक्त मुझे लगा, वह जरूर दूर आसमान से अपने नन्हें फरिश्ते जैसे पाठकों को देख रहे होंगे। काश, ऐसा हो पाता। इंसान भी क्या-क्या कल्पना करने लगता है?

अभी इनके निधन को थोड़ा वक्त ही गुजरा था, हमारे आंसू सूखे भी नहीं थे कि 25 जनवरी, 2015 को सुबह गृह मंत्रालय से विदेश सचिव का फोन आया। उन्होंने मुझे भरे गले से सूचित किया कि प्राण जी को कॉमिक्स जगत के योगदान के लिए मरणोपरांत पद्मश्री' के लिए भारत सरकार ने चयन किया है। मेरा भावुक हो कर रोना स्वभाविक था। बिना किसी सिफारिश, लॉबिंग के भारत का इतना बड़ा नागरिक सम्मान मिलने जा रहा है। जिसने जिंदगी के 60 साल इस कला को दिए, उस के सम्मान के वक्त वह नहीं है। काश! वह अपनी मेहनत का फल देख पाते।

मार्च, 2015 को राष्ट्रपति प्रणव मुखर्जी ने पद्मश्री सम्मान दिया। मैं अपने बेटे और बेटी के साथ जब राष्ट्रपति भवन में प्रवेश कर रही थी तब मन बार-बार अपने आप को कचोट रहा था कि वह पूरे परिवार को इतना यश, नाम दे कर चले गए।

सच पूछा जाए, तो हम परिवार वालों को यह तो पता था कि प्राण कॉमिक बनाते हैं, हर कोई उनके प्रोफेशन को अलग और सम्मानित समझता है। पर यह कभी महसूस नहीं कर पाए कि भारतीय कॉमिक जगत का इतिहास घर के कमरे में रचा जा रहा है। सब से पहले भारतीय कॉमिक पात्र 'चाचा चौधरी' की रचना करके उन्होंने हमेशा के लिए अपना स्थान बना लिया।

निधन होने के बाद धन-दौलत, मकान, जायदाद, कार वगैरा सब भौतिक संपत्ति पर से उस शख्स का नाम हट कर पत्नी, फिर उसके बच्चों, फिर उसके बच्चों में स्थानांतरित होती रहती है, पर जो इंसान काम करके जाता है, उस पर सदैव उसका नाम सुनहरे अक्षरों में अंकित रहता है। जमीन जायदाद पर से प्राण का नाम उनके वारिस ने ले लिया, लेकिन कॉमिक पर तो उनका नाम अमर रहेगा। शायद इसीलिए कहा जाता है कि इंसान का काम हमेशा याद रहता है।

ड्राइंगरूम की दीवार पर 'पद्मम श्री' का मैडल, प्रमाणपत्र, और फोटोग्राफ सुसज्जित हैं। गर्व का अनुभव होता है। आने वालों की निगाह भी टकरा जाती हैं। पर मेरी आंखें 'मरणोपरांत' शब्द पर अटक कर नम हो उठती हैं।

पद्मश्री ग्रहण करती हुई आशा प्राण

ऐसे ही कई पुण्यतिथियां आएंगी और निकल जाएंगी। जिस व्यक्ति के रुखसत होने पर जो स्थान रिक्त होता है, वह कभी नहीं भर पाता। हर रिश्ते की अपनी अहमियत होती है। अभाव सदैव खटकता है, हां, उसमें रहने की विवशता होती है। एक हाथ कट जाने पर इंसान जीवित रहता है, उसके

बिना स्वयं को उसी हालात में ढालने का निरंतर प्रयास करता है।

आज मैं महसूस कर पा रही हूं, जीवन-साथी का विछोह कितना दर्द भरा होता है। हर खुशी, त्यौहार रंगहीन और फीका क्यों नजर आता है? बड़ों द्वारा 'सौभाग्यवती भव' के आशीर्वचन का अर्थ इतना गहरा कैसे होता है?

हम सब अपने जीवन में कई नाते-रिश्तदारों, परिचितों और मित्रों से घिरे रहते हैं। उन का साथ कभी खट्टा, कभी मीठा अनुभव देता है। जब हम किसी दुखद दुर्घटना से ग्रस्त होते हैं या फिर किसी सुखद अवसर से गुजर रहे होते हैं- उस वक्त उन सब के चेहरों से नकाब हट जाता है, असलियत हमारे समक्ष आ धमकती है। ऐसे में कुछ तो बहुत समीप नजर आते हैं और कुछ बहुत दूर। असलियत यह भी होती है कि ऐसे में जिन्हें हम करीब समझते हैं, वे पराए और जिन्हें पराए होने की गलतफहमी होती है वे दिल के नजदीक और बेहद हितैषी होते हैं। संक्षेप में मात्र एक सुखद या दुखद प्रकरण रिश्तों की कलई खोलने में सक्षम होता है।

अंतिम इच्छाएं

एक वर्ष तक प्राण कैंसर से लड़ते रहे, चिकित्सा चलती रही, निधन होने के 20 दिन पहले वह अस्पताल में भरती हुए। सिर्फ इस दौरान उन्होंने कारटून नहीं बनाए। उन्हें अपने प्रोफेशन से इतना अधिक लगाव था कि इसी के सहारे उन्होंने अपने जीवन के अंतिम वर्ष को एक सच्चे कर्मठ के रूप में बिताया।

इस दौरान जब हम पति-पत्नी अकेले बैठे होते थे, तो उन्होंने कई बार मन की बात कहने की कोशिश की, जो मुझे हमेशा याद रहेंगी।

मेरे द्वारा संकलित पुस्तकों को सहेज कर रखना, मैंने इन्हें बहुत प्रयास से जमा किया है।

यह छोटा-सा आशियाना, मेरा सुनहरा सपना था, ऐसा न हो कि इसे बेच दो। इस में मेरे हाथ की खिंची कारटूनों की लकीरों से इकट्ठी की गई पूंजी लगी है।

हमारा छोटा-सा परिवार बेटा, बहू, पोता और तुम सब पहले की भांति एक गुलदस्ते में गुंथे रहना।

मुझे अपने बच्चों पर गर्व है। मैं अपने कॉमिक पात्रों को अपनी संतान की भांति चाहता हूं, देखना उन्हें नुकसान न होने पाए।

मैं मरने से नहीं डरता, पर तुम और बच्चे बहुत रोएंगे।

मैं नास्तिक हूं, पूजापाठ से कोसों दूर रहता हूं, घोर मानवतावाद का समर्थक हूं। बहू बनाकर किसी की बेटी को हम अपने घर लाते हैं, उसे स्नेह देना, ख्याल रखना अपनी बेटी समझना- मेरा सबसे बड़ा धर्म है। इसे उन्होंने यथार्थ में निभाया भी। लड़की के माता-पिता होने का यह अर्थ कदापि नहीं होता

कि वे रीति-रिवाजों की आड़ में अनापशनाप खर्चे किए जाएं। इसका उन्होंने घोर विरोध किया। इन रिश्तों को उन्होंने दोस्ती की डोर में बांध कर ताउम्र निभाया भी।

प्राण कॉमिक के रूप में जो पौधे लगा कर गए हैं, हमारे बेटे और बहू ने उन्हें सींचने का बीड़ा उठा लिया है। आशा है, इस विरासत की आन-बान-शान को वे बनाए रखेंगे। हम सब को महसूस होता है कि वह आज भी हमारे साथ हैं और हमेशा रहेंगे।

मैं उनके अजीज दोस्तों, परिचितों, परिवार के सदस्यों को नम आंखों से याद करती हूं, जिन्होंने कष्ट के दूभर समय में भी उन्हें जीने का मकसद दिया, भले ही कुछ अरसे तक।

अंत में मैं यही कहना चाहूंगी कि मैंने अपने पति प्राण की निजी जिंदगी में झांकते हुए कुछ लिखने की हिम्मत तो जुटा ली, पर ऐसे व्यक्ति पर लिखना, जो अब इस दुनिया में नहीं है, मर्यादा का पूरा ध्यान रखा जाना चाहिए। अब वह स्पष्टीकरण के लिए हमारे बीच नहीं आ सकेंगे।

प्राण, हमारे साथ-साथ आपको अनेक पाठक भी हमेशा याद रखेंगे। अनेक भावभीनी अनुभूतियों के साथ मैं अपनी कलम को यहीं विराम देती हूं, जिस ने बेबाक और मुखर हो कर अभिव्यक्ति में मेरा न्यायसंगत और सटीक साथ दिया है।

बस इतना ही- आशा प्राण

24-2-2019